成都·成华历史人文丛书 街道卷

青龍場

林元亨 著

四川文艺出版社

图书在版编目（CIP）数据

青龙场 / 林元亨著. — 成都 : 四川文艺出版社, 2019.12
（成都 · 成华历史人文丛书）

ISBN 978-7-5411-5486-7

Ⅰ. ①青… Ⅱ. ①林… Ⅲ. ①文化史—成都—通俗读物
Ⅳ. ①K297.11-49

中国版本图书馆CIP数据核字（2019）第282709号

QINGLONGCHANG

青龙场

林元亨　著

出 品 人　张庆宁
责任编辑　李国亮　燕啸波
封面设计　叶　茂
内文设计　叶　茂
责任校对　蓝　海
责任印制　喻　辉

出版发行　四川文艺出版社（成都市槐树街 2 号）
网　　址　www.scwys.com
电　　话　028-86259287（发行部）　028-86259303（编辑部）
传　　真　028-86259306

邮购地址　成都市槐树街 2 号四川文艺出版社邮购部　610031
排　　版　四川最近文化传播有限公司
印　　刷　四川华龙印务有限公司
成品尺寸　157mm × 235mm　开　本　16 开
印　　张　16.75　字　数　270 千
版　　次　2019 年 12 月第一版　印　次　2019 年 12 月第一次印刷
书　　号　ISBN 978-7-5411-5486-7
定　　价　45.00 元

总序

成华区作为成都历史上独立的行政区划，是从 1990 年开始的，它是一个非常年轻的区。但是成华这块土地，作为古老成都的一个重要组成区域，则有着悠远的历史与深厚的文化根基。

“成华”区名，是成都县与华阳县两个历史地理概念的合称，而成都与华阳很早就出现在古代典籍中。《山海经・大荒北经》中曾有“大荒之中，有山名曰成都载天”的记载，有学者据此认为，成都可能是远古时候的一个国名，或者是古族名。华阳之名也一样历史悠久，《尚书・禹贡》云：“华阳黑水惟梁州。”梁州是上古的九州之一，包括今天川渝及陕滇黔的个别地方，华阳即华山之阳，是指华山以南地方。东晋常璩所撰写的西南地方历史著作《华阳国志》便以地名为书名。唐代开始，地处“华山之阳”的成都平原上便有了华阳县，也从此形成了成都市区二县共拥一城的格局。唐人李吉甫在地理名著《元和郡县图志》一书中，对成都与华阳做了更进一步的记载：“成都县，本南夷蜀侯之所理也，秦惠王遣张仪、司马错定蜀，因筑城而郡县之。”“华阳县，本汉广都县地，贞观十七年分蜀县置。乾元元年改为华阳县，华阳本蜀国之号，因以为名。”由此可见，成都与华阳历史之悠久，仅从行政区域角度看，成都从最初置县至今已有两千三百多年，而华阳置县从唐乾元元年（758）至今也有一千二百多年了。

不仅成华之名源远流长，具有丰富的人文内涵，成华这片土地更是积淀着厚重的历史与文化。可以说成华既是一部沉甸甸的史书，也是一首动人心魄的长诗。这里有纵贯全境且流淌着历史血液与透露着浓烈人文气息的沙河，有一万年前古人类使用过的石器，有堆积数千年文明的羊子山，有初建成都城挖土形成的北池，有浸透了汉赋韵律的驷马桥，有塞北雄浑的穹顶式和陵，有闻名宇内的川西第一禅林，有道家留下的浪漫神话传说，有移民创造的客家文化，还有难忘的当代工业文明记忆，还有世界的宠儿大熊猫……

成华有叙述不尽的历史故事。

成华有百看不厌的人文风景。

成华的历史是悠久的巴蜀历史的一部分；成华土地上生长的文明是灿烂的巴蜀文明的重要组成部分。

为了把这耀眼的历史文化集中而清晰地展现给人们，同时也为后世保留一笔珍贵的精神财富，中共成华区委和成华区人民政府立足全区资源禀赋和现实基础，将组织编写并出版“成都·成华历史人文丛书”纳入“文化品牌塑造”工程的重要内容之一。由成华区委宣传部、成华区文联、成华区文旅体局、成华区地志办等单位牵头策划，并组织一批学者、作家共同完成这套丛书，包括综合卷与街道卷两大部分，共计二十册。其中综合卷六册，街道卷十四册。综合卷从宏观的视野述说沙河的过往，清理历史的遗迹，讲述客家的故事，描写熊猫的经历，抒写诗文的成华，回眸东郊工业文明的辉煌成就。街道卷则更多从细微处入手，集中挖掘与整理蕴藏在社区、在民间的历史文化片断。

历史潮流滚滚前行。成华作为日益国际化的成都主城区之一，随着城市化进程的深入推进，对生活在成华本土的“原住民”和外来“移民”，更加渴望了解脚下这片土地，构建了积极的文化归宿。此次大规模地全面梳理、挖掘本土历史，并以人文地理散文的形式出版，在成华建区史上尚属首次。这既顺应了群众呼声、历史潮流，又充分展现了成华人的文化自觉和文化自信。

“成都·成华历史人文丛书”是成华人对成华悠久历史、深厚文化的一次深邃的打量，更是成华人献给自身脚下这片土地的一份深情与厚爱！

书籍记录岁月，照亮历史，传播文化。书籍是人类精神文明的载体，中华数千年的历史文化传承，书籍功莫大焉。如今，中国人民正在追求民族复兴的伟大梦想，通过书籍去回顾历史、展望未来，乃是实现这一复兴之梦的重要路径。

身在“华阳国”中的成华人，也有自己的梦。传承悠久的巴蜀文明，弘扬优秀的天府文化，正是我们的圆梦方式之一。

这便是出版“成都·成华历史人文丛书”的宗旨和意义之所在。

张义奇　蒋松谷

序：记忆之场，记忆之寺

白　郎

成都是濯锦之地，也是凭吊之地。昨日废墟中掩藏着夙昔生活的灵光和星辰的倒影，嗖嗖竹籁中流动着无形无相的人天眼目。萋萋茂草，一剑霜寒，记录史实是超现实之举，是饮冰亦是饮火，穿越时光的重重坏疸，在残缺中瞥见深邃的真淳，与古人共坐云下，唯诚者能之。

实际上，我做过四年的青龙场人，1991 年到 1995 年，铁二局八里庄子弟校历史教师，这是我的第一份工作。那儿挨着火车货运站，青龙身形的火车在密密麻麻的仓库间穿梭，阵阵“龙吟虎啸”擦过露天菜市场的灰色大棚。暮晚时，坐在一棵高高的梧桐下，我能看到天光与灯光交汇后天幕上晕染着的一片幻影，混杂着樱桃红、胭脂红和琥珀黄。

似有一只大鸟衔着松羽飞向远方，我到青龙场那年，1991 年中秋节（9 月 22 日），一位高僧圆寂了，他是青龙场昭觉寺八十六岁的本光法师，刚完成《信心铭禅解》。几天前他对弟子说，“八月十五月儿圆，本光法师去西天”，没想到他真在这天安然示寂了。本光法师解行卓越，丰神简澈，是深契古德的僧中龙象，他让我想起世阿弥说的一句话，“隐藏着的才是真正的花”。作为成都安放心脉的重要庙宇之一，“昭觉”，作为寺名，出自晚唐的休梦了觉禅师，从那时起，代代高僧连绵如云，其中影响最大的，当数宋代圆悟克勤禅师。他的《碧岩录》，是公认的“佛祖心肝”，被推为禅门第一书。古代日本禅宗有二十四派之说，除三派为曹洞宗，一派为荣西继承的临济宗黄龙系之外，其他二十派追根溯源均出自临济宗杨岐系的圆悟克勤，足见影响之巨。2018 年春天，我在镰仓建长寺、京都妙心寺，亲见素色木匾上写着“碧岩评唱”。《碧岩录》刊印后风行一时，圆悟克勤的弟子大慧宗杲，发现不少学徒实非有悟，所答总是出自《碧岩录》的模仿，长此以往，参禅将不明根本滞尚文辞，于是毅然焚毁了《碧岩录》的印版。一百五十余年后，张明远经多方寻找，复又重新刊印，卷首的书名旁题着：“无边风月眼中眼，不尽乾坤灯外灯，柳暗花明十万户，敲门处处有人应。”对于大慧宗杲毁版的良苦用心，本光法师的看法是无此必要，因为《碧岩录》不易读，读不懂障碍个什么？读懂又岂有障碍？圆悟墓园尚存，2010 年清明，我与友人一起去祭拜过。到墓园需从昭觉寺后门绕道动物园，守墓僧照明师从 1990 年起一直在此守护。

世事魔幻，万缘迁变，读着《青龙场》，一些意象像飞鸟在我思维的镜子中翻飞：川主庙、东岳庙、万年台、魁星楼、财神庙、欢喜庵；青龙包出土的汉代骑吹画像砖上萧疏欲动的乐队衣冠；需多人合抱的古青杠树在暮色中沉下去的巨大绿荫；黑白图片上 1910 年老集市上摆着的一堆堆大萝卜；街头瓦舍的楠木窗棂上雕着的奔鹿与飞鹤；四月二十八药王会祠堂里攒动的人头；木栅子门内抽叶子烟的裹白头帕老者；在唐糍粑幺店子喝花茶的挑夫；温鸭子店前拿着用干荷叶包好的烟熏鸭子的赶场人；廖羊肉汤的毛边大锅边竹竿上挂着的鲜腾腾羊肉；喝早酒的土广东对着朝霞饮下的第一口枸杞酒；昭觉寺千僧锅里黄灿灿的米锅巴；昭觉寺大殿木檐下挂着的大瓢；舍利塔前春灯寂映着的诵经僧；僧房旁被晨钟声吹落的片片梅瓣；红砖房外穿着制服列队从铁轨上走过的铁路职工；在“拆迁大甩卖”标语间走向驷马桥的客子……在时光的震荡下，如同水消逝于河流，昨日青龙场已消散，那亦真亦幻的形骸，只能于纸上得之。而数月前，当我再次前往当年待过的八里庄学校，看到的是一片拆迁后的狼藉瓦砾。

《青龙场》是微观史的心血之作，手持记忆的铁锹，林元亨“垦荒种菽”，囤积了大量史实。以此为弹药，他发动了一场阻止遗忘的战斗，把沦丧的往昔一点点抢救出来。从而，青龙场成为记忆之场，昭觉寺成为记忆之寺。显然，这是一本极有文献价值的书，文献的大量互文是文本的一大特点，同时，作者突破了书斋与资料的樊篱，俯身于地气，以现场采访的方式掘得许多第一手真实材料。以此为制高点，那时光中的时光被重新清理出来，不同时代的人与事，被具有场所精神的脉动和叙述所洞穿。

昨日之日虽不能留，但月光已照临，那空山松子已落在淳朴的掌心。站在时光的遗址上，林元亨以自己的“建造记忆宫殿之法”，抵达了曾经的青龙场和昭觉寺，这记忆之法的核心，是重重追忆，犹如祷告，弥散着深切的呼吸和秘密的光斑。

成都市成华区青龙街道示意图

白莲池街道办事处

双水碾街道办事处

圣灯街道办事处

府青路街道办事处

青龙街道原名“青龙场”，现属成都市成华区。青龙街道辖区有“川西第一禅林”昭觉寺，约建于唐贞观年间，初名建元寺，乾符四年（877）了觉禅师居此，剑南节度使崔安潜奏请唐僖宗改名为昭觉寺；宋时，曾名六祖寺①，寺院达到最大规模，有殿宇三百余间，成为国家级寺庙“十方丛林”，为当时官员、文士在成都北郊接风送客、游乐唱和的设宴之所；明崇祯十七年（1644）毁于兵火；明末清初“湖广填四川”，丈雪禅师于康熙二年（1663）重建昭觉寺，并大修周边水利，青龙场也随之兴盛。

青龙场区域最早为古蜀国地，从秦惠文王更元九年（前316）秦灭蜀置成都县起，至今已有二千三百多年的历史。唐贞观十七年（643），成都县东部划出设蜀县，为蜀郡郡治成都府的附郭县。唐乾元元年（758），因“安史之乱”，唐玄宗幸蜀，驻跸成都，更蜀县为华阳县。自此，成都分为成都、华阳两县。清康熙九年（1670），曾裁撤华阳并归成都。雍正五年（1727）始，又恢复华阳县。此后，直至清末，两县共治省城，其界线由南较场，经包家巷、君平街、三桥南街、西丁字街、青石桥，再北上经南、中、北暑袜街，到北门

① 《五灯会元》卷第十九“南岳下十四世五祖演禅师法嗣·成都府昭觉寺克勤佛果禅师”载：“成都帅翰林郭公知章请开法六祖，更昭觉。”江苏广陵古籍刻印社，1996年版《中国佛寺志丛刊》第120册《重修昭觉寺志》载张智《昭觉寺志》作“元祖寺”，似误。

喇嘛寺为止，以街心分界，东南属华阳县，西北属成都县。对于居中的暑袜街，老成都人常以“跨一步，县过县”来形容，因此又有歇后语：“成都到华阳，现（县）过现（县）。”有清一代，成都府领三州（简州、崇庆州、汉州）、十三县（成都、华阳、双流、新津、温江、郫县、崇宁［治地在今郫都区唐昌镇］、灌县、新都、新繁、金堂、彭县、什邡）。据清光绪二十二年（1896）刊刻《重修昭觉寺志》载，康熙二十六年（1687），昭觉寺和青龙场为成都府成都县①辖地，康熙三十四年（1695）则属民间俗称的“成华县”，雍正五年（1727）恢复华阳县后属成都县。嘉庆初，成都府与绵州、龙安府、茂州、松潘厅、懋功厅共辖于成绵龙茂道。光绪三十四年（1908）改成绵龙茂道为川西道，成都府仍属之。民国元年（1912）裁撤川西道，以府厅直隶省政。1913年，恢复道制，废府厅州，由川西道管辖成都、华阳二县。1914年改川西道为西川道。1921年将成都、华阳二县所属城区分出，合为一体，设立成都市政公所管辖，隶属省府。1928年9月1日，改组成都市政公所为成都市府，正式建立成都市，属省辖市。1935年，国民政府统一四川军政，将四川划分为十八个行政督察区，原成都府所辖温江、成都、华阳、双流、新繁、郫县、新津、崇庆、新都、崇宁、灌县、彭县十二县属于第一行政督察区，在温江柳城镇正式设立行政公署统辖各县。至1939年间，成都市加强了专员对行政督察区的控制，推行新县制，分区设署，废局设科，合署办公，并在县以下，划分乡镇，编制保甲，进一步完善了地方基层

① 见［清］释中恂、罗用霖编《重修昭觉寺志》载，康熙二十六年（1687）立《昭觉寺界址碑记》。

政权。1949年12月27日，成都解放，为川西行署所在地。1950年，设温江专区，属川西行署区，温江专署驻温江县，辖温江、郫县（驻郫筒镇）、崇宁、彭县、新繁、新都、成都、华阳（驻中兴镇）、双流、新津、崇庆、灌县十二县。1951年8月，成都市将八个区调整为六个区，成都县新划入成都市的驷马乡全部、太平乡的一部分、青龙乡的大部分并入第八区改为第三区，成都县新划入成都市的青龙乡的一部分、华阳县新划入成都市的隆兴乡、保和乡全部、得胜乡的大部分新设立第四区。1951年8月第四区设立后，辖两个镇、九个乡，分别是保和场镇、龙潭寺镇、杨柳乡、万年乡、交通乡、东城乡、回龙乡、马鞍乡、白鹤乡、秀水乡、院山乡。综上可知，在1951年并入成都市之前，青龙场一直分属成都县。1952年4月，撤销成都县，并入成都市及温江、新都、郫县、新繁四县，所属的太平乡、城区乡、天回乡划归成都市。同年，成都市青龙小学在青龙场建立，是新中国成立后成都市在郊区最早建设的一批公办小学之一。7月1日，宝成铁路从成都端动工。8月1日，西南文教部组成的文物调查征集组，在成都火车站东面附近的青杠坡发现古墓，当时的考古报告遂名为《成都站东乡汉墓清理记》。1953年5月20日，成都市按城乡分治原则，将六个区调整合并为东城区、西城区、望江区、龙潭区、万年区五个区，撤销第三区、第四区，合并改置龙潭区，龙潭区政府驻李家巷。这一阶段，青龙场属于龙潭区，青龙小学也更名龙潭区第二中心小学校。1955年2月，撤销龙潭区，与同时撤销的万年区合并改设为郊区，青龙场小学更名为成都市郊区第一中心小学。此后，青龙小学几度更名：成都市郊区第一中心小学——青龙小学——成都市金牛区青龙地区中心小学——成都市青龙中心小学——成都市青龙小学。1957年，在青龙场菜市坝建起了成都市青龙中学校。1960年7月，郊区更名为金牛区后，为金牛区的青龙乡。1971年，成都市参加云南生产建设兵团的中学生中，青龙中学有男生98人，女生63人，一共161人。[①]青龙中学后更名为成都市第四十中学校，经过发展，又分为菜市坝的成都市建筑职业中专校和搬迁至青龙包的成都四十中。

1990年，成都市的东城区、西城区、金牛区调整为锦江区、青羊区、金牛区、武侯区和成华区。成华区因其区域在历史上分属原成都县和华阳县而得名“成华”。该词最早见于嘉庆十五年（1810）曾绍先书《曾绍先水堰记》：“窃思木有本，水有源。盖成华东北隅上下两坝粮田之水源，缘起昭觉。……查康熙三十四年寺僧禀恳成华县主，‘有案牍无有碑铭，后人不得而知’，越至雍正六年分设华阳一县，分为两县，成都百姓居上，华阳百姓在下，需用昭觉余水繁多……”可见，自康熙九年（1670）裁撤华阳并入成都县后，成都县一度被民间称为“成华县”，后于雍正年间，复分为成都县和华阳县，而在康熙年间，青龙场、昭觉寺一带在百姓口耳相传中，即有“成华”这一特殊的地域名称。

清同治年间，青龙场逢六九赶场[②]，后发展成三六九赶场，20世

① 《八年：成都知青云南支边纪实》，附录1《1971年成都市部分中学参加云南生产建设兵团学生人数》. 成都市政协文史学习委员会、成都市锦江区政协文史和祖国统一联谊委员会编. 成都：四川民族出版社，2011.

② 李玉宣等修、衷兴鉴等纂《同治重修成都县志》卷一“舆地志第二疆域附关隘、场市、保甲”载：“青龙场，距城十里三，六九日场期。”见《中国地方志集成·四川府县志辑》2. 成都：巴蜀书社，1992.

纪50、60年代改为单日场。宝成铁路修通后，在青龙乡境内设立成都东站（货场站）。1966—1976年，辖区内昭觉寺先后成为解放军十八兵团政治部与野战医院驻地、“四川省委政治学校”和北郊公园[①]。1974年，成都市开始规划北郊动物园。自1976年始，原百花潭动物园搬迁至昭觉寺，并在昭觉寺后山发展成今天的成都动物园。1983年，国务院确定昭觉寺为全国汉族地区重点佛教寺庙后，实行寺园双方“划界筑墙，彻底分开”的决定。1984年至今，昭觉寺交给佛教团体管理并重建。

1990年，青龙乡划入成华区。2004年，撤销乡建制，改名青龙街道，同年作为“城中村改造”，青龙场老街拆除。2014年，青龙街道部分区域划入新增的白莲池街道办事处。2016年，随着“北改”工程推进，原成都市青龙小学完成历史使命，搬迁至新校区，并更名为成华区教育科学研究院附属小学。

今天的成华区青龙街道，位于成都市城区东北部，东与龙潭街道相连，南与圣灯、府青路街道毗邻，西与双水碾街道为邻，北与白莲池街道接壤，面积8.8平方公里，现有常住人口13.2万人。辖三个城市社区（昭青路、昭觉、仁义路）、四个涉农社区（东林、西林、新山、海滨湾）和一个社区筹委会（致强环街）。宝成铁路、地铁三号线和七号线、成绵高速、川陕路、三环路均经过辖区内，为成都北门出川的一大要冲。

① 李富强《昭觉寺史话》载：“文革”中，昭觉寺“曾经一度被改为北郊公园”。

青龙福地

青龙场　青龙包

1663年，这一年是康熙二年，一个叫丈雪的和尚从华阳走进了成都城，“甘龄偶尔见华阳，屡路荒蓁覆古梁。小径淡分烟树影，幽岩初醒月华香。惊人野鸟闲歌啸，科首残黎牧大荒。极目天涯无点翳，惭抛汗雨洒危疆。”家国危难，乱世苍生，作为一个僧人，丈雪只能和他常常遭受非议的师父破山一样，徒有无尽的悲鸣。自领师命，离川去浙江天童山给密云圆悟祖师扫塔，逗留金陵数年，回来又越两年了。此行，他只是为了去看看昭觉寺的圆悟克勤祖师爷，不知道老人家的墓塔是否还完好。三月十九日，他终于站在了昭觉寺的一片废墟上。

明崇祯十七年（1644）八月，张献忠在成都称王，建国号大西，改元大顺。清顺治三年（1646），张献忠在西充凤凰山为清军所杀。康熙元年（1662），清以川、陕、鄂三省兵力消灭川东夔巫地区李自成余部。从四川大事年表可以看出，当时年近半百的丈雪和尚所经历的，可谓多灾多难，尤其是作为一个明朝人来说。“像宋人那样，明人发现自己与征服者之间存在着不可逾越的鸿沟。”“中华思想仍然保留着排斥草原传统的观念。这种观念是如此根深蒂固，以至明朝人完全把满人视作文明世界的闯入者。”[①]在清军一次次“屠城”的淫

① ［加］卜正民．《挣扎的帝国　元与明》．潘玮琳译．见卜正民主编《哈佛中国史》（第五卷）．北京：中信出版社，2016．

威下，宋、明思想的“文明者”要么以死全节，要么忍辱偷生。关于杀戮与被杀戮、征服者与被征服者的记载，史书总是简单明了，而又往往语焉不详。那么丈雪所信仰的佛祖，是否会告诉他这一切浩劫的答案。

事实上，明清之交因遭受过数次的“屠蜀”，作为成都北门之郊、处在川陕要道上的昭觉寺和青龙场，自然难以幸免。而这次长达数十年的灾难，不管是对晚明时期的成都，还是昭觉寺的寺庙和青龙场的街市，抑或想置身事外，只为梵音的破山、丈雪之辈，都是一段艰难的过往。

> 成都空，残民无主，强者为盗，聚众掠男女屠为脯。继以大疫，人又死，是后虎出为害，渡水登楼，州县皆虎，凡五六年乃定。①

> 返乎三巴，见乎尸骸遍野，荆棘塞途。昔之亭台楼阁，今之狐兔蓬蒿也；昔之衣冠文物，今之瓦砾鸟鼠也；昔之桑麻禾黍，今之荒烟蔓草也。山河如故，景物顿非，里党故旧，百存一二，握手惊疑，宛如再世。②

---

① ［清］费密．《荒书》．杭州：浙江古籍出版社，1985.

② ［清］李馥荣撰《滟滪囊》卷四载原明阆中庠生刘达，曾为李国英帐下幕僚。清顺治四年，奉命赴西宁口外购买战马。清顺治十五年返回阆中，见到家乡被清军烧杀抢夺得面目全非，便愤然给李国英写信辞职。引文为刘信中所写。

对于这段让四川生灵涂炭、满目疮痍的历史，后来连雍正帝因曾静反清案件而亲自撰写《大义觉迷录》时，也在龙椅上坐不住了，他不得不老老实实地写道："借征剿之名，肆行扰害，杀戮良民请功，以充获贼之数，中国人民死亡过半。即如四川之人，竟致靡有孑遗之叹。其偶有存者，则肢体不全，耳鼻残缺，此天下人所共知。康熙四五十年间，犹有目睹当时情形之父老垂涕泣而道之者。"

生逢乱世，而无可选择。在这样的一种宿命下，丈雪第一次走进昭觉寺。以前的这个地方，都只是以"川西第一禅林""十方丛林"的名头，让他向往。而现在，他离它是如此之近，又如此之遥远。再过几天，就是雨水了，但备受蹂躏的大地，仿佛还没有一丝春的生气。拂拭克勤祖师爷的塔碑，在威凤山的诵经声里，东望默然如石的青龙岗，五十四岁的丈雪和尚豁然开朗，重振昭觉寺，"图恢复焉"，将是他余生的事业。

"仙宫佛院，成都颇盛，半创自献王之国时。累代藩封，中贵从而增益之。殿宇廊庑，华丽高敞。观如元天、云台，寺如昭觉、净居，俱不减两都规模，足供游眺。惟昭觉，尤甲诸寺观。"①

那时候，成都北郊的青龙场，又是怎样的景象?

2017年，继丈雪走进这里三百多年后，我偕妻儿，逛了一遍青龙场临时在空地上搭建的菜市场，出来随手招了一辆电动三轮车。开三

① ［清］释中恂、罗用霖编《重修昭觉寺志》卷八"余文"，原文出自［明］何宇度《益部谈资》卷中，但有改动，且没有最末一句"惟昭觉，尤甲诸寺观"，疑为中恂重修时自加，以抬高昭觉寺之地位。

轮车的是一位女师傅。我和她讲好，沿着青龙场的老街转一圈，然后去昭觉寺。我问她多少钱，大姐说十块钱。大姐先是很诧异，说老街都拆了好多年了，他们以前在场上做水果生意，十多年了，后来生意不好做了，最近两年才改行，她跑三轮，老公去建筑工地打工，没事时他也跑跑三轮。

大姐是中江人，姓王，丈夫姓向，老家的土地已经被流转了。独生的儿子也从大学毕业了，学的是机械专业，也在附近上班，打算等安定下来，这几年就在青龙场买个房子。我问她回不回老家。

▲ 2017年夏，在青龙场一片空地上搭建的临时菜市场　林子昕摄

她说不回了，都出来了。我问她知不知道青龙场的来历。她说，也不是很清楚，好像听说附近有个青龙包，青龙场就这样来的，就在昭觉寺附近，但青龙包早就没有了。对话之间，儿子用相机，给开着三轮车的王大姐留下了一帧剪影。

“青龙场，位于成都北郊，南邻成渝铁路和青龙路立交桥，与市区相连，西靠川陕公路。青龙场以青龙包而得名，青龙包在昭觉寺（唐代名为建元寺，后更名为昭觉寺）正门左侧。按古习惯，‘左青龙，右白虎’，与青龙包相对数里有一山丘，称为羊子山，原名白虎山，山上山下荆竹遍地，是有名的成都古文化区。”这是《成都市中心城区历史地名保护名录（公示稿）》上关于“青龙场”条目的记载。该名录较为谨慎地把“青龙场”的历史断代在唐代。但从青龙场周边数次的考古发掘，如分别出土于羊子山、青杠坡和昭觉寺的汉画像砖，以及后来在天回镇老官山发掘西汉时期土坑木椁墓群出土的医书、蜀锦织机，都可以证明成都北郊驷马桥至天回镇一带至少在东汉时期，就已经人烟密集、百姓富足。

> 1952年8月1日，西南文教部所组成的文物调查征集组，在成都火车站东面，靠着铁路北沿的一个小丘断面上，发现许多几何纹花砖砌成的古墓。这个小丘名叫青杠坡（据后来成都市人民政府所出版地图称青杠包）。[1]

① 徐鹏章.《成都站东乡汉墓清理记》.《考古通讯》. 1956年1期.

▲ 1965年，昭觉寺汉墓出土的宴乐画像砖　四川博物院收藏　林元亨摄

当时，“宝成铁路文物调查征集小组”在成都站东乡间[①]青杠坡三号墓发现了“斧车”“讲学”“骑吹”等画像砖，其中“骑吹画像砖”雕刻精美，堪称汉画像砖的精品。1954—1956年，在宝成铁路建设期间，又在昭觉寺发现汉画像砖墓，共发掘画像砖23方，题材丰富而极具代表性，有车马出行、仪仗队伍、左壁为宾主见礼、宴饮、伎乐、弋射、收获和盐井，又有西王母、日月神等。1966年，再次在昭觉寺发现汉砖石墓，出土画像砖20方：

① 20世纪50、60年代，青龙场一带又常被称为成都站东乡，因成都火车北站东面的站东大队而得名。

> 成都市北郊昭觉寺后面有一小土坡，小地名叫青杠林，坡地高出四周农田约3米，长约60米，宽约30米，呈椭圆形。西距羊子山古墓群0.5公里许，为汉墓集葬地。1966年2月，青龙公社社员在该处改整农田，于坡上（地表下约1米处）发现墓群，当即报告四川省博物馆。经初步探掘，发现有东汉砖墓13座，毗邻相连，墓向一致，结构相同，排列有序……①

可见，1952年站东乡青杠坡和两次昭觉寺青杠林出土的画像砖，其实都位于今青龙场的青龙包（又称青杠包）上，即光绪二十二年（1896）刻本《重修昭觉寺志》所载“青龙岗”。其实，这条“青龙”，至少早在丈雪在世时，已经是当地耳熟能详的名字。康熙三十年（1691），丈雪八十二岁了。那一年，围绕着青龙岗，发生了一件官司诉讼：“马英以母柩盗，葬于青龙冈。青城、天湛鸣公。有司依律鞫问，杖八十，屠罪一名，免责，罚银肆两补修文庙。”那时候，青龙岗已经成为昭觉寺的庙产，以至当地的平民马英因为母亲的灵柩被盗而改葬于青龙岗，都招致昭觉寺寺僧上报官府，丈雪的徒弟青城竹浪彻生和徒孙天湛炽（佛冤纲弟子），一起代表寺庙以此将马英上告，官府遂对马英做了责罚。②

为什么叫“青龙岗”呢？我似乎从唐智芳老人的口中找到了

① 刘志远．《成都昭觉寺汉画像砖墓》．《考古》．1984年1期．
② 彻纲、彻生、海屿、彻中等编著《嘉兴藏·昭觉丈雪醉禅师纪年录》．见《嘉兴藏》．姜锡慈、韩锡铎、王清原整理．北京：民族出版社，2008．

答案。唐智芳祖籍射洪。以前，他家住在昭觉寺门口，现住在昭觉社区东林小区。老人对青龙场历史非常了解，可以说是一本关于青龙场的活字典。他说，昭觉寺里面有一棵青冈树，好几个人才能合抱，后来被骑兵连的马尿淹死了。就在现在的动物园，中华人民共和国成立后曾经是解放军总医院，后来迁到了现在的天回镇。根据唐智芳所述，丈雪当时的“青龙岗”，也就是后来老百姓口中的青杠林、青杠坡，就有着一株巨大的青冈树。青龙岗或是因为这株青冈树而得名，只是经过演绎，从青冈变成了青龙岗，又从青龙岗延伸到了青龙包和青龙场。

曾参加过金牛区文物普查的郑光福，珍藏有一本20世纪80年代油印的《成都市金牛区文物简目》，上面记载着“青龙场”的相关条目：

青龙场街道办事处：位于成都北郊，面积0.52平方公里。一九八二年一月组建，以驻地青龙场命名。辖居民（家属）委员会三个，七千余人。

青龙场：紧连城区，场形成年久，以邻近场东北的青龙包得名。青龙公社驻此。

青龙公社：位于成都东北郊，与城区紧连，属半丘半坝粮菜兼作区，以驻地青龙场得名。辖十四个大队，有耕地一万九千余亩，二千三百余人。

青龙包：因此土丘位于昭觉寺正门左侧，故名青龙。

从青龙岗、青杠林、青杠坡、青杠包，到青龙场人口中的青龙包。如果说昭觉寺是“成都福地”[①]，那么青龙包则是青龙场人世代的福地。周边如彭山有“青龙场”、龙泉驿十陵附近有“青龙湖”“青龙村”、成都城内有“青龙街”，但凡叫“青龙”的地方，大多有风水之说。

《礼记·曲礼上》载：“行前朱雀而后玄武，左青龙右白虎。”经过郭璞、杨筠松、陈抟等“风水术”和“堪舆学”的发展，在青龙、白虎、朱雀、玄武基础上，又有了“气”“祖山”“明堂”“砂”“朝案”等说法。发展到今天，民间又有“宁可青龙高万丈，莫要白虎高一尺”，“宁要青龙高万丈，莫要白虎抬头望”的讲究，即从风水的角度讲，青龙要高，白虎要矮，这样才能兴旺。据研究，从科学的角度讲，其实就是充分的光合作用，东面（青龙方）高可以充分西晒，西面（白虎方）高了就得不到西晒，所以如果白虎高了，这样的环境不利于作物生长，自然不是好的居住之地。考察青龙场地形，其东边的“青龙包”（青龙），就要比西边的羊子山（白虎）高出许多。

热心的王大姐，带着我们逛了一圈青龙场的老街，其实已经没有了一点老街的痕迹，或者说味道。她一一指给我们看，这一带就是原来的老街，那个地方就是他们两口子曾经卖水果的位置，那个照婚纱的地方以前是一家肉铺。顺道，她还带我们去看了现在的青龙场正街饭店和温鸭子总店。我们和王大姐在昭觉寺门口告别。车子打转方

① ［宋］扈仲荣、程遇孙等编《成都文类》卷三十七载李畋《重修昭觉寺记》说：“昭觉寺，成都福地，在震之隅。”

向，她还不忘了嘱咐我们，如果要去动物园，可以直接从昭觉寺后门上山，从前门出来再绕麻烦，还要打车破费。

青龙包、青龙场，青龙包的青龙场人、青龙场人的青龙包。在这儿寄居十多年，准备在这儿买房定居的王大姐一家人，是不是早已融入了这个叫青龙场的地方？

八月的晨曦里，昭觉寺影壁上的一个从远古走来的“福”字，金光熠熠。儿子在昭觉寺的山门前为我和妻子照了一张合影。像许多游人的留影与自拍一样，我们微笑着，看见一生的幸福。

昭觉寺的钟声响起，仿佛自圆悟克勤、丈雪通醉而来。

在丈雪来到昭觉寺两年后，即顺治十六年（1659）四川巡抚高民瞻率兵进取成都，“逆贼闻风逃遁”，“伪官俱缴印投诚”之后，康熙四年（1665），四川总督李国英才带着他的衙门彻底从保宁府（今阆中）迁至成都。同年，在蜀王府废墟上兴建贡院。这意味着，曾经只有老虎出没的成都这座空城，终于在这几年间，逐渐开始有了人气。所以，“先有昭觉寺，后有成都城”这句话，为青龙场人代代相传。

两百年后，光绪二十二年（1896），方丈释中恂和文生罗用霖，在丈雪当年修撰的文本基础上，开始编纂《重修昭觉寺志》：

> 凤凰山，寺西十里，一名学射山，《名胜志》：昔刘主禅学射于此，故名。即寺之太祖山，其脉由玉垒蜿蜒而来，由灌口经郫邑，循沱江而下，至成邑西北十五里，挺然特起，左右开翅膀作飞凤形，此山之名所由昉也。

磨盘山，寺北十里，即寺之少祖山，其脉由凤凰山迤逦而下，经天回镇过峡，由皇恩寺山顶一峰形如磨盘故名。

石子岭，寺北十里磨盘山之东，即寺之少祖山左障。

土门山，寺西北十二里磨盘山之西，即寺之少祖山右障。

万松岭，磨盘山之下，即寺之来脉处，曲折至寺，十里长松，凌云蔽日，望之葱郁如山，大者数十围，小者十余围，皆数百年物，每涛声一动，则声闻十里。

千步岭，寺北一里许，即寺之入脉处，由寺后至岭约千步。

威凤山①，寺内先觉堂后，即寺之起顶处，平开两翅，形如威凤，故名。上有圆悟明宗真觉禅师墓塔。

青龙岗，寺东一里，长亘三里许，至水口猫子塘止，即寺之左砂，青龙场在其下。

羊鹿山②，寺西里许，循落凤桥而下，与青龙岗对峙，即寺之右砂。

钵盂山，寺南五里，形如钵盂，即寺之朝案。

虽然，其中的有一些山，在历史进程中，已经不复存在，甚至来不及把自己的名字，写入一本青龙场的方志，抑或民间传说。但在青龙场人的“福地”青龙包上，注定会飞翔着一条传说的龙。

① 现为昭觉寺后山，成都动物园之所在。

② 即羊子山。《重修昭觉寺志》中多次提及此山，如“因见上流之水……经狮子庵过羊鹿山下入驷马桥大河”。

青龙场的居民“老”董常

……昭觉寺，成都福地，在震之隅。先是眉州司马董常宅，旧名建元。其缔构招嗣之由，具萧相国遘碑悉之矣。唐乾符丁酉（877）岁，为了觉大禅师宴居之所。……是时，剑南节度使崔公安渐奏改建元敕赐今额，仍给紫衣一袭式光宗教。未几，僖宗出狩驻跸西州，召禅师说无上乘若麟德殿故事……

这是成都华阳人、北宋淳化年间进士李畋应当时的昭觉寺僧延美禅师所请，以休梦了觉禅师为主要对象，同时记述当时住持延美禅师重修昭觉事迹而撰写的《重修昭觉寺记》中的文字，也是至今所见有关青龙场“昭觉寺”最早的史料。那时距文中所记述的唐相国萧遘《建寺碑》仅过去一百余年，而李畋在昭觉寺寄住过一段时间，其或见过《建寺碑》。

需要特别提一下，这个我们相对陌生的李畋。

北宋王辟之撰《渑水燕谈录》卷六“文儒”篇载：“李畋渭卿，自号谷子。少师任奉古，博通经史。以著述为志，性静退，不乐仕进，士大夫多称之，为张乖崖所器。少日，一出庭试。后隐居永康军白沙山，后生从之学者甚众。任中正荐，乞赐处士之号，诏以为试校书郎。凌策又荐之，召授试怀宁主簿、国子监说书，改大理丞、知泉州惠安县。久之，以先所著未成，再乞国子监说书，以终其业。著

《孔子弟子传赞》六十卷，上之，得知荣州。秩满，以国子博士致仕。畋撰《道德经疏》二十卷，《张乖崖语录》二卷，《谷子》三十卷，歌诗、杂文七十卷。年九十。”

《宋代佚著辑考》①对李畋生平有精详的考证：李畋，字渭卿，号谷子，华阳（今四川成都双流区）人。生于北宋建隆元年（960），卒于皇祐二年（1050），年九十。中举，赴京赶考落第。召授试恒宁主簿，历官国子监说书，知常州武进县、泉州惠安县，又知荣州，以国子博士致仕。李畋著作甚多，著有《孔子弟子传赞》六十卷、《李畋集》十卷、诗歌杂文七十卷、《张乖崖语录》及《该闻录》等，但大部分已经散佚。

《新编分门古今类事》②第二十卷，载有传说《李畋见塔》《李畋两火》等文，并注明出自李畋自述《该闻录》。《李畋两火》中，李畋作为硕儒耆德的国子直讲，“欲求郡而未得。一日，晨坐讲席，诸生皆见畋巾上有两焰火起，是日得报荣州”。

南宋晁公武撰《郡斋读书志》载：“《该闻录》十卷宋李畋”，并注明：“畋，蜀人，张咏客也，与范镇尤善。熙宁中致仕，归，与门人宾客谈燕，衮衮忘倦。门人请编录，遂以‘该闻’为目。”

南宋陈元靓编撰《岁时广记》“燎爆竹”篇载：“李畋《该闻集》：爆竹辟妖。邻人有仲叟，家为山魈所祟，掷瓦石，开户牖，不自安。叟求祷之，以佛经报谢，而妖祟弥盛。畋谓叟曰：‘公且夜于庭落中若除夕爆竹数十竿。’叟然其言，爆竹，至晓寂然安帖，遂止。”故

① 王河、真理.《宋代佚著辑考》. 南昌：江西人民出版社，2003.
② ［宋］委心子.《新编分门古今类事》. 北京：中华书局，1987.

其被传为花炮祖师爷。

广明元年（880）十二月十二日，私盐贩子黄巢，就是写下“待到秋来九月八，我花开后百花杀。冲天香阵透长安，满城尽带黄金甲”的人，带领义军一举攻陷了长安。中和元年（881）正月二十八日，步玄宗后尘的僖宗，带着同平章事萧遘、太子少师崔安潜，逃难到了成都，“中和元年，春，正月……车驾至成都，馆于府舍”，“二月。群臣追从车驾者稍稍集成都，南北司朝者近二百人。诸道及四夷贡献不绝，蜀中府库充实，与京师无异。赏赐不乏，士卒欣悦”。①

一方是“掠人为粮，生投于碓，并骨食之”②的黄巢，一方是一生都在四处逃亡的李儇，成都北郊的一座寺庙，成为这一段历史的见证。

在李儇一行到来之前，因为住持了觉禅师的魅力，加上弟子崔安潜的关系，这座寺庙刚刚被赋予一个独特的名字——昭觉。“剑南节度使崔公安渐（误，应为潜）奏改建元敕赐今额，仍给紫衣一袭式光宗教。”

李畋在《重修昭觉寺记》中所记载的崔安渐，其实是崔安潜。《旧唐书》载：“安潜，字进之。大中三年（849），登进士第。咸通（860—873）中，累历清显，出为许州刺史，忠武军节度观察等

① ［宋］司马光．《资治通鉴》卷二五四．北京：中国文联出版社，2016.

② 《旧唐书·列传第一百五十》：“贼围陈郡百日，关东仍岁无耕稼，人饿倚墙壁间，贼俘人而食，日杀数千。贼有舂磨砦，为巨碓数百，生纳人于臼碎之，合骨而食，其流毒若是。”《新唐书·列传第一百五十下》：“人大饥，倚死城堑，贼俘以食，日数千人，乃办列百巨碓，糜骨皮于臼，并啖之。”

使。乾符（874—879）中，迁成都尹、剑南西川节度等使。”其卒年，见《唐故□□□□□□太子太师上柱国清河郡开国公食邑二千户赠开府仪同三司太尉清河崔公（安潜）墓志铭（并序）》。

史载崔安潜是代替高骈，出任“成都尹、剑南西川节度等使”的。高骈，武将、诗人，有诗《山亭夏日》：“绿树阴浓夏日长，楼台倒影入池塘。水精帘动微风起，满架蔷薇一院香。”《旧唐书·高骈传》：“南诏蛮寇嶲州，渡沪肆掠。乃以骈为成都尹、剑南西川节度观察等使。蜀土散恶，成都比无垣墉，骈乃计每岁完葺之费，甃之以砖甓。雉堞由是完坚。传檄云南，以兵压境，讲信修好，不敢入寇。进位检校尚书右仆射、江陵尹、荆南节度观察等使。乾符四年，进位检校司空、润州刺史、镇海军节度、浙江西道观察等使，进封燕国公。”由此可知，乾符五年（878），崔安潜在高骈被调走后，走马上任，很快深得民心。《新唐书》把高骈列入《叛臣传》，并记载崔安潜：“俄代高骈领西川节度。吏倚骈为奸利者，安潜皆诛之，数更除缪政，于是盗贼衰，蜀民以安。宰相卢携素厚骈，乃诬以罪，罢为太子宾客，分司东都。”因为这次罢免，才有了广明元年（880），唐僖宗以赌马球而选崔安潜的继任者，从而闹下笑话，“广明元年，三月，庚午，以左金吾大将军陈敬瑄为西川节度使。”[1]回到长安不久后，崔安潜即随唐僖宗逃蜀，在路上改任太子少师。由此可见，崔安潜为昭觉寺奏改建元而赐名昭觉，当在878—880年间。

① ［宋］司马光．《资治通鉴》卷二五三．北京：中国文联出版社，2016．

昭觉寓意分别取自《孟子·尽心下》：“贤者以其昭昭使人昭昭，今以其昏昏使人昭昭”；《孟子·万章上》：“天之生此民也，使先知觉后知，使先觉觉后觉也。”另参照洛阳昭觉寺的来历，其“昭觉”本义，出自《后汉书·郊祀志》：“佛者，汉言觉也。将以觉悟群生也。”“昭”，则为光大。

和僖宗、崔安潜一同逃难而来的，还有萧遘。在成都避难的四年（881—885）间，萧遘应了觉所请，为昭觉寺撰写了《建寺碑》。

萧遘，咸通五年（864）乙巳科状元。僖宗逃蜀时，拜同中书门下平章事，即丞相之职。宣和二年（1120），夏秋间，内臣奉命编纂的《宣和书谱》卷四载：“唐萧遘，字得圣，兰陵人……及当国，风采峭整，天子器之……自瑀逮遘，凡八叶宰相，名德相望，与唐盛衰，世家之盛，古未之有。遘之字画虽罕传于世，观其《景公》《幽公》二帖，笔迹有廊庙之气而足规矩，学者未易到也。今御府所藏二：正书《景公帖》。行书《幽公帖》。”可见，当时萧遘所书的《景公》《幽公》二帖，还被皇家御府所收藏。那么，《建寺碑》是否也是其所书呢？

答案是另有其人。宋赵明诚撰写的《金石录》卷十记载：“第一千九百三十：唐昭觉寺碑，萧遘撰、刘崇龟正书，中和五年正月。”刘崇龟，字子长，滑州胙（今河南延津）人。进士，僖宗时是清海军（岭南）节度使。史载其工书画，性廉洁。

去昭觉寺采访的时候，碰见了正在八角亭负责修缮的老乡，自贡市沿滩区联络乡高滩村人周大哥、王大哥。那天，他们正在把八角亭木头柱子上斑驳的漆面敲掉，接下来会重新上土漆。能够偶然见到老乡，大家都分外亲切。两人已经在寺里干了十多年了，子女在成都金花打工。他们并不知道这个寺庙的来历，不知道这个八角亭上的字是谁题的，更不会知道，曾经有过逃难的皇帝带着一群随从站在这个山门前，但他们会跟你说这是个老庙子。他们现在每天在这里做零工，两百多元一天的工资，不多也不少，他们觉得这里空气好、安静，像是在疗养。在一旁看着他们一点点地把柱子上斑驳的漆面敲掉，听着天空中的鸽哨、树梢中的蝉鸣、庙宇中的木鱼声，没有人会发觉，他们在这里，十年如一日的工作，维系着的又是什么？

“寺之胜迹，有僖宗幸蜀放《随驾进士三榜题名记》，陈太师塑六祖像，萧相国文《建寺碑》，会籍孙位画行道天王、浮丘[①]先生、松竹，张南本画水月观音，翰林待诏（失名氏，今寺额始自长安降到）摸昭觉寺额，俱经乱不亡，为唐故事，斯皆化感利舍护持之力也。”

陈太师当是由于马球获胜而代替崔安潜出任剑南西川节度使的陈敬瑄，他是唐僖宗亲信、宦官田令孜（本姓陈）的兄长。“巢平，进颍川王，增实户二百。车驾东，敬瑄供亿丰余，又进检校太师。”[②]所以，老百姓俗称陈敬瑄为陈太师，是他花钱为昭觉寺塑造了六祖

① 浮丘，即浮丘公，传说为黄帝时仙人。《文选·郭璞·游仙诗》之三李善注：“《列仙传》曰：‘浮丘公接王子乔以上嵩高山。’”见胡嗣坤、罗琴.《冯时行及其〈缙云文集〉研究》诗《刘守生日》注. 成都：巴蜀书社，2002.

② ［宋］宋祁、欧阳修、范镇、吕夏卿等.《新唐书》. 北京：中华书局，2003.

像。893年，已围攻成都城三年的王建（后来当了前蜀皇帝，死后葬于成都三洞桥附近的永陵）在新津将陈敬瑄斩杀，同日在成都碧鸡坊将其养父田令孜缢死：

> 建以敬瑄居新津，食其租赋，累表请诛，不报。景福二年，阴令左右告敬瑄、令孜养死士，约杨晟等反，于是斩敬瑄于家。初，敬瑄知不免，尝置药于带，至就刑，视带，药已亡矣。自是建尽有两川、黔中地。
>
> 令孜谋与建连衡亢朝廷，且曰“吾子也”，书召之。建喜，将至，复却之。建怒，进围成都。令孜登城谢建曰：“老夫久相厚，何见困？”答曰：“父子恩，何敢忘！顾父自绝朝廷，苟改图，则父子如初。”令孜曰：“吾欲面计事。”建然许，令孜夜负印节授建，明日入成都，囚令孜碧鸡坊。……凡二岁，与敬瑄同日死。临刑，裂帛为絙，授行刑者曰：“吾尝位十军容，杀我庸有礼！”因教缢人法，既死，而色不变。①

881年，跟随僖宗逃难大军而来的，似乎还有一批艺术家，如李畋所记的孙位、张南本。事实上，随着玄宗、僖宗的两次入蜀，大量的艺术家相继入川，并在寺庙留下众多的艺术作品，以至成都一度成为全国佛像壁画创作的中心。这点，在昭觉寺也有具体体现。

黄休复《益州名画录》卷上载：“孙位者，东越人也。僖宗皇

---

① ［宋］宋祁、欧阳修、范镇、吕夏卿等．《新唐书》．北京：中华书局，2003．

帝车驾在蜀，自京入蜀，号会稽山人。性情疏野，襟抱超然。虽好饮酒，未曾沉酩。禅僧、道士，常与往还。豪贵相请，礼有少慢，纵赠千金，难留一笔，唯好事者时得其画焉。光启年，应天寺无智禅师请画山石两堵，龙水两堵，寺门东畔画东方天王及部从两堵。昭觉寺休梦长老请画浮沤（浮丘）先生、松石墨竹一堵，仿润州高座寺张僧繇战胜一堵。两寺天王部众人鬼相杂，矛戟鼓吹，纵横驰突，交加戛击，欲有声响。鹰犬之类，皆三五笔而成；弓弦斧柄之属，并掇笔而描，如从绳而正矣。其有龙拿水汹，千状万态，势愈飞动，松石墨竹，笔精墨妙，雄壮气象，莫可记述。非天纵其能，情高格逸，其孰能与于此耶！悟达国师请于眉州福海院画行道天王、松石、龙水两堵，并见存。不知其后有何所遇，改名遇矣。”

苏辙《栾城集》“后集”卷二一记载了他当时在成都见到的孙位之画，或许就是在昭觉寺：“予昔游成都，唐人遗迹遍于老、佛之居。先蜀之老有能评之者曰：画格有四，曰能、妙、神、逸。盖能不及妙，妙不及神，神不及逸。称神者二人，曰范琼、赵公佑；而称逸者一人，孙位而已。范、赵之工方圆不以规矩，雄杰伟丽，见者皆知爱之。而孙氏纵横放肆，出于法度之外，循法者不逮其精，有纵心不逾矩之妙。”

张南本是和孙位齐名的画家。《宣和画谱》卷二“道释二”载：“张南本，不知何许人。画佛像、鬼神甚工，尤喜画火。火无常体，世俗罕有能工之者，独南本得之。尝于成都金华寺大殿画八明王，时有一僧游礼至寺，整衣升殿，壁间见所画火，势焰逼人，惊怛几仆。时孙位以画水得名，世之论画水火之妙者，独推二子。盖水几于道，而火应于神，非笔端深造理窟，未易于形容也。又尝为宝历寺图佛事，曲尽其妙，后为人摹写，窃换而去，多散落荆湖间。当时有《勘书》《诗会》《高丽王行香》等图，盛传于世。”

杨慎《升庵诗话》说：“孙位画水，张南本画火，吴道玄画，杨绘塑，陈简斋诗，辛稼轩词，同能不如独胜也。太白见崔颢《黄鹤楼》诗，去而赋《金陵凤凰台》。”

不过，较为奇怪的是，昭觉寺的“胜迹”中，还有一位大画家的作品，但李畋并没有提到。郭若虚《图画见闻志》卷二载：“张询，南海人，避地居蜀。善画吴山楚岫，枯松怪石。中和间，尝于昭觉寺大悲堂后画三壁山川、一壁早景、一壁午景、一壁晚景，谓之‘三时山’。人所称异也。亦有山水卷轴传于世。”黄休复《益州名画录》卷下亦记：“张询者，南海人也。爰自乡荐下第，久住帝京，精于小笔。中和年，随驾到蜀，与昭觉寺休梦长老故交，遂依托焉。忽一日，长老请于本寺大慈堂后留少笔踪，画一堵早景、一堵午景、一堵晚景，谓之‘三时山’。盖貌吴中山水，颇甚工。画毕之日，遇僖宗驾幸兹寺，尽日叹赏。王氏朝，皇太子简王欲要迁于东宫，为壁泥通枋，移损不全，乃寝前命。今见存。”

《益州名画录》另载有“有画无名”者：“昭觉寺大悲堂内四天王两堵，堂外观音一堵，寺门后两畔东西天王两堵，并中和年画，不知画人名姓，评能格中品。”

需要补充一下的是，除了唐代的画作，昭觉寺还收有一些宋代艺术家的作品。邓椿《画继》记载：“李时泽，遂宁人。初为僧，受业于成都金地院，因李鹭显夫丧其子京师，显夫亲往迎丧，拉与同行，自是熟游中原。多观古壁，见武洞清所画罗汉，豁然晓解，得其笔法。兵乱归蜀，即以画名。圆悟住昭觉日，大殿既成，命画十六罗汉，及文殊、普贤、药师菩萨等像，见存。”“杨祁，彭州崇宁人。善花竹翎毛，有《百禽帐》。又画《笼鸡》如生，昭觉寺超然台旧有《倦翼知还》等壁，今不复存。”而被乾隆誉为“四美”之一的相传为北宋李公麟所作《蜀川图卷》（又名《蜀川胜概览图》）中第六十四个巴蜀地标，正是“昭觉寺”。高士奇在“跋”里说：“丛祠野亭并萧寺，点缀一一穷毫芒，万里桥西工部宅，浣花溪水澄沧浪。”这里的“萧寺”即指昭觉寺。

萧遘在《建寺碑》中记载，建元寺原来是眉州司马董常的旧宅。后人望文生义，讹传是司马相如的旧宅。史载，太清二年（548）设置青州，西魏废帝二年（553），始改青州为眉州，至乾元元年（758）恢复眉州，期间名字在青州、嘉州和眉州之间更替，如隋大业二年（606）复改嘉州为眉州。另外，眉州司马这个官职，在唐时方有文献记载。如唐开元尚书丞相张九龄有《眉州康司马挽歌词》诗，《旧唐书》列传第一载：“德宗昭德皇后王氏，父遇，官至秘书监。……遇子果眉州司马。”2012年，绵阳出土《唐故宣德郎守成都府广都县主簿太原王公故夫人天水赵氏墓志铭并序》载：“夫人姓赵氏，天水人也。……祖重光，皇太中大夫兼监察御史、眉州司马，赐绯鱼袋。夫人……以大和三年（829）十月十二日终于成都府逆旅舍，享年六十八。”据此可知，萧遘所记载的眉州司马董常，或是隋末唐初时人，而查史载，隋代大儒王通[①]设教于山西南部河汾之间，受业者千余人，其中有一名弟子董常。

杜淹《文中子世家》记载：“大业元年，一征又不至，辞以疾……乃续《诗》《书》，正《礼》《乐》，修《元经》，赞《易》道，九年而六经大就。门人自远而至。河南董常，太山姚义，京兆杜淹，赵郡李靖，南阳程元，扶风窦威，河东薛收，中山贾琼，清河房玄龄，巨鹿魏徵，太原温大雅，颍川陈叔达等，咸称师北面，受王佐之道焉。”王通的《中说》中记载着这个董常的二三事：

> 或曰：“董常何人也？”子曰：“其动也权，其静也至。其颜氏之流乎？”（王通《中说·天地篇》）

> 子观田，魏徵、杜淹、董常至。子曰：“各言志乎？”徵曰：“愿事明王，进思尽忠，退思补过。”淹曰：“愿执明王之法，使天下无冤人。”常曰：“愿圣人之道行于时，常也无事于出处。”子曰：“大哉！吾与常也。”（王通《中说·天地篇》）

> 繁师玄闻董常贤，问贾琼以齿。琼曰：“始冠矣。”师玄

① 王通（584—617），字仲淹，绛州龙门（今山西万荣县通化镇）人。隋代山西的一位私人教育家，死后，弟子私谥为“文中子”。《隋书》无传，新旧《唐书》王绩（其弟）、王勃（其孙）、王质传中虽均曾提及，然皆极简略。后人辑有《中说》，录其言论。

曰："吁！其幼达也。"琼曰："夫子十五为人师焉。陈留王孝逸，先达之傲者也，然白首北面，岂以年乎？琼闻之：德不在年，道不在位。"（《中说·立命篇》）

据杨炯《王勃集序》，王通秀才高第（隋代最难考的是秀才科）后，授官蜀郡司户书佐，蜀王侍读。可见，王通曾在当时的蜀地益州为官，但不知其弟子河南董常与萧遘所记载的眉州司马董常是否为同一人？

对于王通的门人，王绩《北山赋注》评价说："以董常、程元、贾琼、薛收、姚义、温彦博、杜淹等十余人称俊彦。"而洪迈《容斋续笔》十六卷则云："文中子门人王氏《中说》，所载门人，多贞观时知名卿相，而无一人能振师之道者，故议者往往致疑。其最所称高第，曰程、仇、董、薛，考其行事，程元、仇璋、董常无所见，独薛收在《唐史》有列传，踪迹甚为明白。"

大业十三年（617）五月，王通在病中闻李渊在太原起兵，泫然而兴曰："生民厌乱久矣，天其或将启尧舜之运，吾不与焉，命也。"（《王道篇》）这位只活了三十四岁的大儒，没有等到大唐到来的那一天。

昭觉寺改名之前，原名建元寺。除了曾是眉州司马董常的旧宅，再无其他的线索。青龙场的这个董常，除了王通的门人董常，我们可以做一番联想之外，也再无踪迹可查。李绅有一首《建元寺》诗，或可让人联想成都北郊盛唐时期的那座同名的建元寺："江城物候伤心地，远寺经过禁火辰。芳草垄边回首客，野花丛里断肠人。紫荆繁艳空门昼，红药深开古殿春。叹息光阴催白发，莫悲风月独沾巾。”

故此，《重修昭觉寺志》上记载：“昭觉寺，唐名建元寺，始于贞观年间。”是较为准确的说法。

中和四年（884），秋七月，二十四日，僖宗在成都的大玄楼①举行受俘仪式。武宁节度使时溥献上黄巢和他家人的头颅，另有其姬妾二三十人。僖宗和其姬妾之一有这样一场对话：

> 宣问姬妾：“汝曹皆勋贵子女，世受国恩，何为从贼？”其居首者对曰：“狂贼凶逆，国家以百万之众，失守宗祧，播迁巴、蜀；今陛下以不能拒贼责一女子，置公卿将帅于何地乎！”上不复问，皆戮之于市。人争与之酒，其余皆悲怖昏醉，居首者独不饮不泣，至于就刑，神色肃然。②

“月晓已开花市合，江平偏见竹排多。好教载取芳菲树，剩照岷天瑟瑟波。”中和五年（885）三月，即将随僖宗离蜀的萧遘，再一次回眸成都，以及他眼中的春天：“南国韶光早，春风送腊来。水堤烟报柳，山寺雪惊梅。练色铺江晚，潮声逐渚回。青旗问沽酒，何处拨寒醅？”光启二年（886）初，邠宁节度使朱玫主张另立新君，萧遘反对，拒绝草拟文告。宦官田令孜挟僖宗仓皇出奔宝鸡，萧遘未及

① 大玄楼，成都罗城正南门楼。高骈之筑成都罗城，既讫功，以周易筮之，得大畜。骈曰：“畜者，养也。济以刚健笃实，辉光日新，吉孰大焉！文宜去下存上。”因名“大玄城”。见《资治通鉴》. 北京：中华书局，2005.

② 《资治通鉴》卷二百五十六. 北京：中国文联出版社，2016.

跟随。光启三年（887），朱玫被杀，宰相孔纬将此事牵连至萧遘，诬陷萧遘拒绝前往宝鸡见僖宗，被赐死于河中永乐县。“萧遘相就河中，赐毒，握之在手，自以主上旧恩，希贬降，久而毒烂其手，竟饮之而终。”[①]时人哀之：“遘为大臣，士行无缺。逢时不幸，为伪襜所污，不以令终，人士惜之。”

光启四年（888）二月，一路逃奔的僖宗终于又一次回到长安，在拜谒太庙以后，举行大赦，改元“文德”。三月三日，僖宗得“暴疾”而死，时年二十七岁。当年十二月葬于靖陵。1995年，靖陵经发掘，考古工作者发现僖宗墓室的石棺床竟然是用乾陵陪葬墓、尚书左仆射豆卢钦望和左仆射杨再思的墓碑改做而成。

① ［宋］孙光宪.《北梦琐言》卷六. 西安：三秦出版社，2003.

北郊的宴席与游玩

借迎接驻藏大臣呐镜堂之机，四川按察使多时帆、四川盐茶道周蔼余、成都府知府张晓瞻、四川成绵龙茂道道员王春绶一干蜀中要员，相约到成都北郊青龙场的昭觉寺雅集，并作诗数首，担任过荣县知县的王培荀记下了这次游玩。这一天是1838年的正月初七：

> 昔日白乐天、苏东坡喜与客游宴，而政益修举。蜀地江山奇丽，环成都尤多名迹。士大夫以时雅集，非徒见熙朝文物之盛。而时当清宴，为政多暇，亦韵事也。昭觉寺，古宣华旧苑，明时僧徒尤众，今虽荒落而殿宇宏敞可驻游踪，道光戊戌人日，诸大宪往游……①

对于这种相约出游的风气，学者于北山在《陆游年谱》中就曾指出："唐代北宋以来，成都太守率宾僚游宴，夸奢斗靡，相踵成风。"而清纪昀《四库全书·总目提要》则说："成都自唐代号为繁庶，甲于西南，其时为之帅者，大抵以宰臣出镇。富贵优闲，岁时燕

① 王培荀《听雨楼随笔》卷四《昭觉寺》条。《听雨楼随笔》是王培荀在担任荣县知县时撰写的一部笔记体见闻录，因写成于官署之听雨楼而得名。此书"大率仿《锦里耆旧传》，而以扬扢风雅为主。凡蜀人士及游宦于蜀者，嘉言懿行，志乘所缺，无不摭拾而存之。以至异物、殊俗、逸事、隽词悉识焉"。

集，浸相沿习。故张周封作《华阳风俗录》，卢求作《成都记》，以夸述其胜。遨头行乐之说，今尚传之。迨及宋初，其风未息。前后太守如张咏之刚方，赵抃之清介，亦皆因其土俗，不废娱游。其侈丽繁华，虽不可训，而民物殷阜，歌咏风流，亦往往传为佳话，为世所艳称。”

田况知成都府时，有《成都遨乐诗二十一首》，其序云：“四方咸传蜀人好游娱无时。”其在《上元灯夕》一诗中说：“予赏观四方，无不乐嬉游。惟兹全蜀区，民物繁它州。”费著在《岁华纪丽谱》里记载，成都自开宝三年（970）开始，“岁以为常”在正月上元节放灯三夜，“如繁杂绮罗街道，灯火之盛，以昭觉寺为最”。

魏泰《东轩笔录》里还记载了“红杏尚书”宋祁在成都好游宴的一则趣事：“子京博学能文章，天资蕴藉，好游宴，以矜持自喜。晚年知成都府，带《唐书》于本任刊修，每宴罢盥漱毕，开寝门垂帘，燃二椽烛，媵婢夹侍，和墨伸纸。远近观者，皆知尚书修《唐书》矣，望之如神仙焉。多内宠，后庭曳罗绮者甚众。尝宴于锦江，偶微寒，命取半臂，诸婢各送一枚，凡十余枚，皆至。子京视之茫然，恐有厚薄之嫌，竟不敢服，忍冷而归。”

张唐英撰写的《蜀梼杌》，记载着关于浣花溪的故事：“（干德）五年四月，游浣花溪，龙舟彩舫，十里绵亘，自百花潭至万里桥，游人士女，珠翠夹岸。”“（广政十二年）蜀中百姓富庶，夹江皆创亭榭游赏之处。都人士女，倾城游玩，珠翠绮罗，名花异香，馥郁森列。”因浣花夫人任氏①而名噪天下的浣花溪，自然也成为唐宋蜀人游玩的名胜佳处：“成都之俗，以游乐相尚，而浣花为特甚……成都之人于他游观或不能皆出，至浣花，则倾城而往，里巷阒然。”②

那时候的蜀人，“多溺于逸乐……家贫不务储蓄，富室专于趋利，其处家室，则女勤作业，而士多自闲，聚会宴饮，尤足意钱之戏”（《隋书·地理志》）。“土植宜柘，茧丝织文纤丽者穷于天下，地狭而腴，民勤耕作，无寸土之旷，岁三四收。其所获多为遨游之费，踏青、药市之集尤盛焉，动至连月”（《宋史·地理志》）。“村落闾巷之间，弦管歌声，合筵社会，昼夜相接”（《蜀梼杌》）。“蜀人衣食常苦艰，蜀人游乐不知还。千人耕种万人食，一年辛苦一春闲。闲时尚以蚕为市，共忘辛苦逐欣欢”（《和子由蚕市》）。“蜀国富且庶，风俗矜浮薄。奢僭极珠贝，狂佚务娱乐”（《乖崖先生文集·悼蜀四十韵》）。

常璩《华阳国志》卷三《蜀志》说四川这个地方，“其卦值坤，故多班采文章；其辰值未，故尚滋味；德在少昊，故好辛香；星应舆鬼，故君子精敏，小人鬼黠；与秦同分，故多悍勇。在《诗》，文王之化，被乎江汉之域；秦豳同咏，故有夏声也。其山林泽渔，园囿瓜

① 蜀郡成都人，女，姓任，喜弓马，善骑射。后嫁崔宁（又名崔旰）。大历二年（767），崔宁继任剑南西川节度使，次年崔宁入朝奏事，留其弟崔宽镇蜀。泸州刺史杨子琳趁机攻打成都，崔宁夫人任氏英勇出战，击溃杨子琳，保全成都。相传其居住浣花溪时，为一老僧深远洗僧衣，当僧衣入水濯洗，水中立时呈现无数莲花，五彩缤纷，此后人称洗衣处为“百花潭”，称小河为“浣衣溪”，称任氏为“浣花夫人”。

② ［宋］任正一.《游浣花记》.《全蜀艺文志》卷四十.

果，四节代熟，靡不有焉”。费著《岁华纪丽谱》更进一步指出：“成都游赏之盛，甲于西蜀，盖地大物繁而俗好娱乐。”从范成大《吴船录》的记载可以看出当时“天府之国”富庶的由来：“一路江水分流入诸渠，皆雷轰雪卷，美田弥望，所谓岷山之下沃野者正在此。”

何宇度《益部谈资》卷中载：“成都城外皆平壤，竹树蓊蔚，田

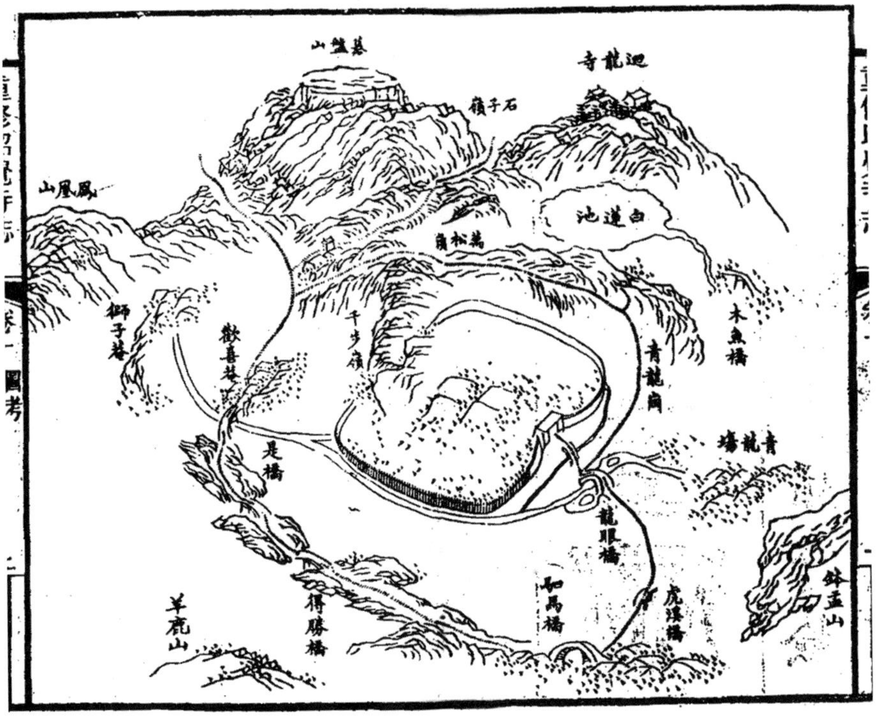

▲ ［清］释中恂、罗用霖编《重修昭觉寺志》载“昭觉全图”，光绪二十二年（1896）刊刻本

地膏腴，江河诸流，交错贯络，昔称天府沃野，信非虚语。”故《宋史·王觌传》说：“蜀地膏腴，亩千金。”吕陶[①]《成都新建备武堂记》也说：“蜀之四隅，绵亘数千里，土腴物衍，财货以蕃，财利贡赋，率四海三之一。”

田况《成都遨乐诗二十一首》之《寒食出城》曰：“郊外融和景，浓于城市中。歌声留客醉，花意尽春红。游人一何乐，归驭莫匆匆。”从宋、明至清的蜀人，自成都府出城，北门郊外游宴，自然少不了一个习以为常的地方——青龙场的昭觉寺：

> 升仙桥北，长林苍翠，曲涧潺湲，大非人世间境，乃昭觉禅寺。[②]
>
> 仙宫、佛院，成都颇盛……观如元天、云台，寺如昭觉……俱不减两都规模，足供游眺。[③]

事实上，直至民国，青龙场—昭觉寺—学射山，依然是成都北门外一条不可忽视的旅游线路。民国时期胡天所编的《成都导游》第七编“名胜古迹”，就载有“东门外——由城内至望江楼沿途所

① 吕陶（1028—1104），字元钧，眉州彭山（今属四川）人。仁宗皇祐年间进士，任太原府判官。神宗熙宁三年（1070）知彭州。贬监怀安商税。元祐二年（1087），涉党争，贬为梓州、成都路转运副使。元祐七年（1092），召回，入为起居舍人，迁中书舍人。哲宗时又外放，知陈州、潞州。崇宁元年（1102）辞归在萧县隐居并终老。著有《吕陶集》六十卷。

② ［明］曹学佺．《蜀中广记》卷三．上海：上海古籍出版社，1993.

③ ［明］何宇度．《益部谈资》卷中．沈阳：辽海书社，1990.

经”“西门外——由城内至草堂寺沿途所经”“南门外——由城内至武侯祠沿途所经”“北门外——由城内至昭觉寺沿途所经”诸条线路。[①]

于是，历代骚人墨客，在蜀人的游玩浪潮中，纷纷为“昭觉寺”留下了许多游玩宴饮之作，比如黄庭坚十七代世孙、咸丰癸丑进士黄云鹄，就写有《出游昭觉寺后园，望龙岭威凤诸山，循白莲池而旋》和《游昭觉寺》诗二首。以下，我们不妨从清回溯到宋，在一种“倒序”中，昭觉寺显得是如此清晰：

黄云鹄《游昭觉寺》：“冻雨阴云忽放晴，寻诗林里杖藜行。回龙岭上烟痕淡，威凤山前夕烧横。得暇咏犹良是福，忧时劳瘁竟何成。莲池十顷霜天水，万古千秋鉴此情。”

李调元《昭觉寺》：“长林云气郁苍苍，六十年来始徜徉。十顷稻黄金布地，万竿竹子铁为枪。僧房真个如冰冷，官路居然似火汤。圆悟禅师今不见，谁将六祖塑中堂。”

吕潜《宿昭觉寺》：“江左兴怀四十年，揖公白发草堂前。金戈屡见愁荒棘，绀殿巍然立野烟。手植尺藤今作杖，句题片石早成编。为怜归客时招隐，拟向池头种白莲。”

灵筏印昌禅师《宿昭觉寺》：“乘闲游胜地，杖策月明中。烟散山光淡，春深草木封。泉流分野色，溪度引长虹。难尽归欤兴，仍闻静夜钟。”

曹礼先《游昭觉寺》：“偶寻仙梵识华宫，小向山幽折桂丛。昼永梵香宗定慧，雨余莳药悟参同。高城云压千峰黑，野树霜酣万叶

① 胡天.《成都导游》. 成都：福民印刷公司，民国二十七年（1938）.

红。凭眺移时成小憩，微闻钟韵散松风。”

刘道开《游昭觉寺》：“出郭寻幽十里赊，梵宫元是古宣华。宝函街贮高僧衲，王殿曾颁古佛牙。正法昔尝传五叶，虚堂谁复演三车。此来欲访勤公迹，袭袭香风飘桂花。”

陆深《送客过昭觉寺》：“霜日江云杳霭间，聊凭酒力驻颓颜。一冬天气常嫌热，几度郊行暂借闲。世上无情惟白发，人间有福是青山。山僧更住青山里，翻罢楞严独闭关。”

陈琏《昭觉寺》：“昭觉招提夙见称，公余来访自晨兴。拟寻野老询禾稼，偶遇山僧话葛藤。流水过桥清一派，好山环户翠千层。西风落日频回首，仪凤山前是献陵。”

李焘《十月过昭觉庭梅萧然已动人意因作二十八字》：“厌逐游人药市行，暂来心迹喜双清。疏风细雨荒庭菊，便觉梅花暗有情。”

王灼《次昭觉圆老韵》：“丈室曾窥金锡光，汾阳宗绪故应长。不嫌俗子堪传授，更借余波到乐浪。”

黄庭坚《送昌上座归成都》：“昭觉[①]堂中有道人，龙吟虎啸随风云。雨花经席冷如铁，一縢日转十二轮。宝胜蓬蒿荒小院，埋没酰罗三只眼。个是江南五味禅，更往参寻莫担板。”

在游青龙场和昭觉寺的人中，有一个需要特别提及的人，他就是陆游。

某行年四十有八，家世山阴，以贫悴逐禄于夔。其行矣，

① 《全宋诗》“觉”作“学”，当误。

故时交友醵缗钱以遣之。峡中俸薄，其食指以百数，距受代不数月，行李萧然，固不能归。归又无所得食，一日禄不继，则无策也。儿年三十，女二十，婚嫁尚未敢言也。某而不为穷，则天下无穷人。伏惟少赐动心，捐一官以禄之，使粗可活，甚则使可具装以归，又望外则使可毕一二婚嫁。（《上虞丞相书》）

乾道八年（1172），即将在夔州任满前的陆游，再一次低三下四地为谋得一官半职而给当权者写了上面这封信。从此，陆游在蜀中的工作被频繁调动。三月至十一月，陆游奉调当时与金对峙的南郑（今陕西汉中）前线，任左承议郎。十二月至次年春，任成都府安抚司参议官，其间曾权通判蜀州（今成都崇州）。次年夏至淳熙元年（1174）春，代理知嘉州（今四川乐山）。淳熙元年春至冬，回到蜀州通判任上。淳熙元年冬代理知荣州（今自贡荣县），次年正月回到成都任职。

淳熙三年（1176）人日，五十二岁，身为正七品的朝奉郎、成都府路安抚司参议官兼四川制置使司参议官的陆游，得闲抽身，在昭觉寺吃了一顿斋饭，以《人日饭昭觉》[①]一诗为记：“天涯羁旅逢人日，病起消摇集宝坊。雪水初融锦江涨，梅花半落绿苔香。家山松桂年年长，幕府文书日日忙。自笑余生有几许，一庵借与得深藏。”二月，陆游带着小儿再次走进昭觉寺，吃了斋饭后，因为遇上一场蒙蒙的春雨，在昭觉寺的晨钟暮鼓中待了一天：“身堕黄尘每慨然，携儿

① 《重修昭觉寺志》第四卷“艺文·诗”载此诗，作《人日饭昭觉寺》。

萧散亦前缘。聊凭方外巾盂净，一洗人间匕箸膻。静院春风传浴鼓，画廊晚雨湿茶烟。潜光寮里明窗下，借我消摇过十年。（《饭昭觉寺抵暮乃归》）”

三月三，上巳节给范成大的诗集作序后，陆游很快就遭小人弹劾而被免官，以“闲身”领了一年多的祠禄①。《宋史》载：“人讥其颓放，因自号放翁。”夏天过了，陆游又一次来到昭觉寺，《访昭觉老》②：“久矣耆年罢送迎，喜闻革履下堂声。游山笑我蓦直去，过夏怜君太瘦生。庭际楠阴凝昼寂，墙头鹊语报秋晴。功名已付诸贤了，长作闲人乐太平。”每一次去昭觉寺，是不是都有他才纳三年的小妾华阳人杨氏，一路执手陪同。“鼓吹连天沸五门，灯山万炬动黄昏。美人与月正同色，客子折梅空断魂。宝马暗尘思辇路，钓船孤火梦江村。古来漫道新知乐，此意何由可共论。”

事实上，陆游与昭觉寺，在他入蜀的路上，因为一个高僧，早就有了一份注定的渊源。这个高僧就是陆游的好友宝印长老。

宝印禅师，俗姓李，字恒寂，大观三年（1109）生于嘉州峨眉。“幼通六经，长穷七史。”青年时从邑中德山院情素和尚得度，法名“宝印”。后上峨眉山，于中峰寺依止临济宗杨歧禅系南岳下十六世密印安民专修禅宗。绍兴二年（1132），经密印禅师介绍，二十二岁的宝印前往成都昭觉寺参礼圆悟克勤禅师。一日，宝印随众入堂，圆悟克勤问其：“从上诸圣，以何法接人？”宝印竖

---

① 宋制，大臣罢职，令管理道教宫观，以示优礼，无职事，但借名食俸，谓之“祠禄”。

② 《重修昭觉寺志》第四卷“艺文·诗”载此诗，作《访昭觉寺》。

拳作答。圆悟克勤说："此是老僧用者，孰为从上诸圣用者？"宝印以拳挥之，大师亦举拳相交，两人呵呵大笑而止。事后，圆悟克勤叹道："是子他日必类我。"乃留宝印住昭觉寺三年。

乾道六年（1170）六月十九日，陆游路过镇江时，在《入蜀记》中写道："金山长老宝印来，字坦叔，嘉州人。言自峡州以西，滩不可胜计，白傅诗所谓'白狗到黄牛，滩如竹节稠'是也。"对于宝印长老的关心，陆游甚是感激。

> 二十六日。……遂游金山……新作寺门亦甚雄，翟耆年伯寿篆额，然门乃不可泊舟。凡至寺中者，皆由雄跨阁。长老宝印言："旧额，仁宗皇帝御飞白。张之，则风波汹涌，蛟鼍出没，遂藏之寺阁，今不复存矣。"印住山近十年，兴造皆其力。……夜，风水薄船，鞺鞳有声。
>
> 二十七日。留金山，极凉冷。印老言蜀中梁山军鹭鸶，为天下第一。

绍熙元年（1190）十二月初七夜，住持浙江余杭径山寺的宝印圆寂。其法孙宗愿于绍熙三年（1192）三月，赴山阴镜湖找到陆游，请他为宝印祖师撰书塔铭。六十八岁的陆游感慨"与师交最久"，说"今虽老病，义不可辞"，遂挥毫写下《别峰禅师塔铭》，文末深情颂曰："圆悟再传，是为别峰……"陆游依稀记得，宝印在浙江四明山住持地窦寺期间，退隐老家山阴的他曾去拜访，"尝相约还蜀，结茅青衣唤鱼潭上"。

“忆在西川集宝坊，幅巾萧散日初长。伊蒲塞馔分香积，优钵罗花散道场。客路逢春增感慨，旧游回首已微凉。新晴强作寻幽计，有底文书作许忙？”多年以后，随着一次次传来有关成都友人的消息，陆游在故乡就一次次想起自己在成都昭觉寺、保福寺、正法寺①逗留的那些个春天，《旧在成都初春无事日访昭觉保福正法诸刹甚可乐也追怀慨然因赋长句》，诗名透露了陆游一次次去探访北门昭觉寺的原因。

当一切都遥远得犹如一场幻梦，正法也成为不可回返的记忆，陆游只能一次次在故乡去沈园看唐婉，还有一株独自开放的淡梅：

斜阳废苑朱门闭，吊兴亡、遗恨泪痕里。淡淡宫梅，也依然、点酥剪水。凝愁处，似忆宣华旧事。　　行人别有凄凉意，折幽香、谁与寄千里。伫立江皋，杳难逢、陇头归骑。音尘远，楚天危楼独倚。

对于此词，俞陛云在《唐五代两宋词选释》中点评道：“词为成都蜀王旧苑而作。中有古梅二百余本。……蜀王故苑，放翁入蜀时，老木颓垣，尚存残状。余于光绪间入蜀，过成都城外昭觉寺，即词中

① ［明］冯任修、张世雍等纂《新修成都府志》（明天启刻本）卷三载：“昭觉寺，成都治北十五里；正法寺，成都治西一里。”［清］李玉宣等修、衷兴鉴等纂《同治重修成都县志》卷一“舆地志第二寺观”载“正法寺”：县西六甲一里，五代时建，国朝康熙十七年、雍正二年、嘉庆十年、道光十三年重修。保福寺疑即后来的广福庙，与“正法寺”同在成都西边，《同治重修成都县志》卷一“舆地志第二寺观”载“广福庙”：县西六甲，创建年月无考，咸丰二年重修。

宣华苑故址，摩诃之池，迎仙之观，及古梅百本，遗迹全消，所余者惟柱础轮囷，散卧于茂林芳草间。”虽然陆游这首《月上海棠・斜阳废苑朱门闭》写的是今城中南台寺一带，但其忆及的宣华苑，有一种说法是，五代十国时，前蜀帝王建曾将昭觉寺改名为宣华苑，此说法至少早在明人刘道开“出郭寻幽十里赊，梵宫元是古宣华”就已经有所传。

那么，陆游昔时所见的青龙场和昭觉寺，又是怎样的呢?

比陆游早一百多年的李畋在《重修昭觉寺记》里说：“兹寺有常住沃土三百廛，涤场敛矫，岁入千耦，井归寺廪，与众共之。有舟航大贾，输流水之钱；山泽豪族，舍金穴之利。五铢一缕，悉归寺府，无一私者……寺之殿宇，旧且百间，今广而增者三百……凡供食之丰洁，法席之华焕。时一大会，朝饭千众，累茵敷坐，如升虚邑。”

昭觉寺之所以如此兴旺与繁华，得益于当时的住持延美禅师。大中祥符元年（1008），延美禅师为昭觉寺住持，用了三十多年的时间，“食不兼味，衣不重茧”，修葺、扩建昭觉寺，以至其中兴之盛“朝饭千众，累茵敷坐”。不难想象，那个写“昨日入城市，归来泪满巾。遍身罗绮者，不是养蚕人”的张俞，在《昭觉寺宴席送圣从察院还朝序》里记载的，“圣从为监察御史，九月上言母老在蜀诏归宁，既至即授谏官。夏五月十五日，去蜀还朝。有群丞天水赵希仁、清河张子立，大集宾客出饯于昭觉寺。日夕饮酣”是怎样一番景象。

起早的钟声

《重修昭觉寺志》上记载，元代，青龙场的昭觉寺，仅有一位仲庆禅师。除了其上堂的一些言论，关于仲庆的个人信息，几乎没有。彼时的昭觉寺和青龙场周边，又是怎样的一番情形呢？

“元法，军所至，但有发一矢相格者，必尽屠之。蜀人如余玠、杨立诸公坚守不下，故川中受祸独惨。”[①]宋蒙（元）交战，唯有四川的抵抗时间（1228—1279）以五十一年为最长，加上蒙军的异常残暴，这使四川的人口遭受重创，元气一时大伤。“连兵于蜀，蜀人受祸惨甚，死伤殆尽，千百不存一二。”[②]彼时的四川，在亲历者吴昌裔的眼里，“昔之通都大邑，今为瓦砾之场；昔之沃壤奥区，今为膏血之野。青烟弥路，白骨成丘，哀恫贯心，疮痏满目。……最可痛者：沃野千里，荡然无民；离居四方，靡有定所。耕畴不辟，堰务不修，秋不得收，春不得种”。

成都在1236年、1239年、1241年三次被蒙军攻陷。端平三年（1236），十月“二十四日，元兵步骑十万至成都，入自东门。二太子坐府衙文明厅，令卜者占，其法用五龟置五盘中按五方五龟动不

① ［明］王维贤.《九贤祠记》. 见何向东、刁光辉、党元正、罗用显校注《新修潼川府志校注》（全两册）. 成都：巴蜀书社，2007.

② ［元］虞集.《道园学古录》卷二十，载《眉州史氏程夫人墓志铭》. 长春：吉林出版集团，2005.

止，卜者曰：‘民心不归，成都是四绝死地，若往，不过二世，不若血洗而去。’二太子大书‘火杀’二字，城中百姓无得免者。火光照百里。”[①]因为五只乌龟爬动不止，成都被窝阔台的次子孛儿只斤·阔端下令“火杀”屠城，此次共屠杀了一百四十万人。杨慎《全蜀艺文志》辑明人《史母程氏传》记载此事之惨烈：“呜呼！余尝得《三卯录》读之，蜀民就死，率五十人为一聚，以刀悉刺之，乃积其尸，至莫（暮），疑不死，复刺之。异孙尸积于下，暮刺者偶不及，尸血淋漓入异孙口，夜半始苏，匍匐入林，薄匿他所。后出蜀为枢密使。尝坦视人，未尝不泣下。贺靖权成都，录城中骸骨一百四十万，城外者不计。”

成都被屠城，郊外青龙场的昭觉寺僧和城外青龙场乡邻，又岂能幸免？

《中国人口通史》指出：“元灭南宋……仅四川一地就减损1260万。嘉定十六年（1223）记载，四川地区有人口1322万，经蒙军反复剿杀之后，到至元二十七年（1290）统计的在籍人口，大约只有85万，耗损人口竟达93%。”其后近百年间，四川的人口数量也没能恢复。元末明初，四川战乱仍频，红巾军明玉珍据蜀，建大夏国。《明太祖实录》卷七十二载，洪武五年（1372）二月，四川平定时，“户部奏四川民总八万四千余户，其伪夏故宫占为庄户者凡二万三千余户”。按照普通人家一户三四口人算，从元初到明统一，四川人口减到了约四五十万。

① 见《钦定四库全书》史部七·《昭忠录·王翊》

为此，四川开始了第一次有计划的“湖广填四川”，其移民主要是来自湖广、江西一带的百姓和戍守蜀地的军人。王维贤《九贤祠记》云：“明初，中江县开设，土著人户业七八家，余皆自别省流来者。”吴宽《刘氏族谱·序》载：“元季大乱，湖湘之人往往相携入蜀。”

到了明代，《昭觉寺志》上所记载的寺僧，则有智润禅师、惟一真禅师、离指禅师，当然也可以加上明末清初的丈雪醉禅师、溪声圆禅师、竹浪彻生禅师（又名青城生）和佛冕纲禅师等数位，不过志书对清前的智润、惟一真和离指，记载也非常简略，不像北宋、南宋之昭觉寺僧，事迹详尽。

永乐间任四川按察使的陈琏，一天早晨乘兴出北门朝昭觉寺方向走，本来想碰上个老农，顺便问一问庄稼收成，却偶遇昭觉寺的一个寺僧，说了一席关于耕织冷暖、风调雨顺的家常话。“流水过桥清一派，好山环户翠千层。”过桥的流水很清，远山一脉青翠。陈琏诗中的那座桥，不知是昭觉寺前的哪一座，今天，我们已经无从得知。在落日墟烟里，临走的陈琏蓦然回首，他看见那隐在仪凤山（今凤凰山）前的，是一代贤王蜀献王朱椿的陵寝“蜀献陵”。

正是因为朱椿这个第一代明蜀王，才使因宋、元、明更替而招致兵戈反复破坏的“天府”，终于开始复苏。于是，有明一代，“川中二百年不被兵革”，蜀人安居乐业、休养生息、日益殷富，而蜀王府，也成就了其在明朝的辉煌。

王世贞写过严嵩之子严世蕃的一则故事，“尝与所厚客屈指天下富家居首等者，凡十七家”，“所谓十七者：己与蜀王、黔公、太监黄忠、黄锦及成公、魏公、陆都督炳；又京师有张二锦衣者，太监永之侄也；山西三姓、徽州二姓与土官贵州安宣慰”。张瀚《松窗梦语》则载，蜀藩“富厚甲于诸王，以一省税银皆供蜀府，不输天储也”，“拥厚赀，为世指名”。陆釴也说：“天下王府，惟蜀府最富。”抗倭名将谭纶，在一份奏折中说：“蜀府之富，甲于天下。”

事实上，明蜀藩王是明代唯一独居一省的宗藩，蜀献王朱椿也是明太祖二十六子当中，唯一历太祖、惠帝、成祖三朝而安然无恙的藩王。蜀献王开创的家法，“独以礼教守西陲”的英明与家风，后世子孙纷纷承袭，被明孝宗朱佑樘赞为“蜀多贤王，举献王家范为诸宗法”，从而形成“二百七十年富庶之藩封”，万历朝之前的宗藩“首富”。

洪武二十三年（1390）正月初一，一位二十岁的翩翩少年，站在历经八年修建、刚刚竣工的蜀王藩府明远楼前。他就是朱元璋的第十一子，八岁被封为蜀王，“性孝友慈祥，博综典籍，容止都雅”，被父亲呼为“蜀秀才”的朱椿。这座辉煌的王府，后来在成都老百姓心目中，一度被称为“成都皇城”。

明代的蜀王府，位于成都大城之中，规模极其宏大，分外中内三层。据李劼人研究，“明代蜀王府的规模很大，几乎占去了当时成都城内总面积的五分之一，达三十八万平方米。北起骡马市街，南至红照壁街，东至西顺城街，西至东城根街。藩府有两道城墙，内城之中有十几座宫殿，内城之外、夹城之内为园苑。外城外是御河，河上有三道拱桥。再南又有大桥三道，跨于金河之上两侧。整个宫殿坐北朝南，建筑巍峨雄伟，金碧辉煌。园林景致优美、亭台楼阁、小桥流水、鸟语花香，简直就是人间仙境。其中的‘菊井秋香’被誉为当时成都的八大景观之一。宫城前面有三道门洞。门外是广场和宽百余尺的御道，与门洞正对。在六百余米处，是一堵二十余丈长、三丈来高的砖影墙，因为它是红色的，所以名为红照壁。在门洞外二百五十米左右的东西两侧，各有一座亭子，是王宫的鼓吹亭，东亭名为龙吟，西亭称作虎啸”。①

母亲是郭惠妃，外祖父是滁阳王郭子兴，岳父是明初大将蓝玉，作为朱元璋的爱子，朱椿无法继承皇位，但朱元璋给了他最好也最安全的一个地方——巴蜀。或许是自小就很聪明、敏感，朱椿很小就开始远离政治，陶醉于诗书，自从到了蜀地，他更“以诗书礼乐化一方”为自保和求生的法则。“自椿以下四世七王，几百五十年，皆检饬守礼法，好学能文。孝宗恒称蜀多贤王，举献王家范为诸宗法。”②

朱彝尊《明诗综》卷二记载：“明开国诸王，文学首称蜀府，孝陵（指朱元璋）恒以‘蜀秀才’呼之。惜《献园集》罕传于世。王孙定王友垓有集十卷。曾孙惠王申鉴有《惠园集》。惠王孙成王让栩有《长春竞辰集》。成王孙端王宣圻有《端园集》。五叶皆有集著录，亦盛事也。”可见，在朱彝尊时期，《献园集》就被认为不传。而很长一段时间，当今的学术界也都认为，除了朱让栩的《长春竞辰集》（又名《长春竞辰稿》）还存在外，其他几本明蜀王文集均已不存。不过，很幸运的是，一直致力于挖掘成都龙泉驿区史料的学者胡开

① 曾智中、尤德彦编．《李劼人说成都》．成都：四川文艺出版社，2001.
② ［清］张廷玉．《明史》卷一百十七．北京：中华书局，1974.

全，终于在2017年从日本国立公文书馆拍摄回四部明蜀王文集孤本，使其时隔约四百年以后，能重新进入国人视野。至此，五位明蜀王的文集一道为我们勾勒出一个真实的蜀藩。

日本国立公文书馆所藏的明蜀王四本文集分别是：由第六任蜀王、明蜀怀王朱申鈙刊印成化二年（1466）版《献园睿制集》（四册，十七卷）和成化五年（1469）版《定园睿制集》（二册，十卷）；由第七任蜀王、明蜀惠王朱申凿刊印成化十一年（1475）版《怀园睿制集》（二册，十卷）；由第八任蜀王、明蜀昭王朱宾翰刊印弘治十四年（1501）版《惠园睿制集》（五册，十二卷）。四部文集总共有1650页。[①]国内仅存的一本《长春竞辰稿》（五册，十六卷，包括《长春竞辰余稿》三卷）由第十任蜀王、蜀康王朱承爚于嘉靖二十八年（1549）刊印出版，后被收在清代编撰的《四库全书》未刊稿里。五部文集均在明成化、弘治年间由蜀王府刊刻。史载的端王朱宣圻的《端园集》，不知是否曾经存在过，抑或刊印不久，就连同另五部蜀王文集被张献忠付之一炬。

成化二年（1466），春，三月初一，朱椿的曾孙明蜀怀王朱申鈙，为朱椿的《献园睿制集》作序。他写道："曾祖献王分封于蜀，建国之初，日接鸿儒硕士，吟哦六经，讨论群史，深明心法之要，益隆治道之本。抚士民、宣德化，而弦歌之声、礼仪之风，溢于邦域，而被乎边夷也。"朱申鈙对曾祖朱椿的家传，以及他开辟的蜀藩时代，可谓备感骄傲。

---

① 胡开全、李思成．《明蜀王文集考》．《文史杂志》．2017（3）．

朱椿一到成都，就“首访儒雅，旁求博采，举而用之。以故前后左右皆文行礼法之士，朝夕相与讲明，至理惟身体而力行之。未几而民俗以淳，化行以溥，而蜀郡之民，悉陶于政教之内矣”。除了六经、群史，朱椿对宗教也表现出浓厚的兴趣和独到的见解。

在《游江渎庙》中，他写道：“予到国两月始出游，城中诸寺观，兹当兵燹之后，未复旧日之观。所在宫寺十之一也。况僧徒奔走南北，而羽流更罕其人。昔之以佛以道留名于世者，我蜀中居多，今不复见矣，可胜叹哉。”后来，他在《论僧》一文里，不但梳理了巴蜀佛教的流派与传承，更指出他当时发现的一些流弊：“观今之为僧者，则反是滥形缁服，以避国家之职役。不顾父母之劬劳，假形窃服，专以利己为安。于是有假名而滥膺信施者，有行商贸易者有之；有因时避役肆行奸诈者有之；冒称法师聋瞽后学妄行披度者有之；又有等白衣专事应缘僭居僧上，罗略施利归养妻子，恬不知觉者有之。如斯之类，不可枚举……自今已后，非正因出家者，不许擅自披剃童行，有役占者，不许擅自出家，白衣不许罗揽赴请应缘，妄求施利归养妻子。”

洪武二十三年（1390），九月十一日，蜀王府长史陈南宾奉朱椿令旨，说：“凡境内各寺，皆禁樵采、侵占、仆碑、寄宿，严加禁约……并禁军民毋得欺侵……”朱椿不但颁布命令，要求各地保护佛寺、道观、文庙、学宫、神祠、古刹，他还新修和重建了多所寺观，如上皇观、青羊宫、万福寺、中峰寺、云台观、圣寿寺等。对此，万历三十年（1602），华阳知县何宇度在《益部谈资》中就指出：“仙宫、佛院，成都颇盛，半创自献王之国时，累代藩封、中贵从而增益之。殿宇廊庑，华丽高敞。观如玄天、云台，寺如昭觉、金像、净居、净因（俗名福万）、金沙，庙如昭烈，宫如青羊，俱不减两都规模，足供游眺。”

具体到青龙场的昭觉寺，朱椿做了什么呢？清初，四川按察使李翀霄，在《重修昭觉寺记》中记载：“明蜀献王又拓之，周围墙垣缭绕七百余丈，绀殿绮云，金身撑汉，以致藏阁僧廊，诸天佛祖，莫不宏丽俱备。”咸丰四年（1854），方丈心道为《成都昭觉寺全图》石刻所写的铭文也说：“明蜀藩仍复昭觉缘旧例，免沃田三百廛，供僧如数。”四川布政使金㑺在《重建昭觉寺法堂碑记》云：“明蜀藩复为修葺，请觉辩大师住锡，阐发宗旨。”

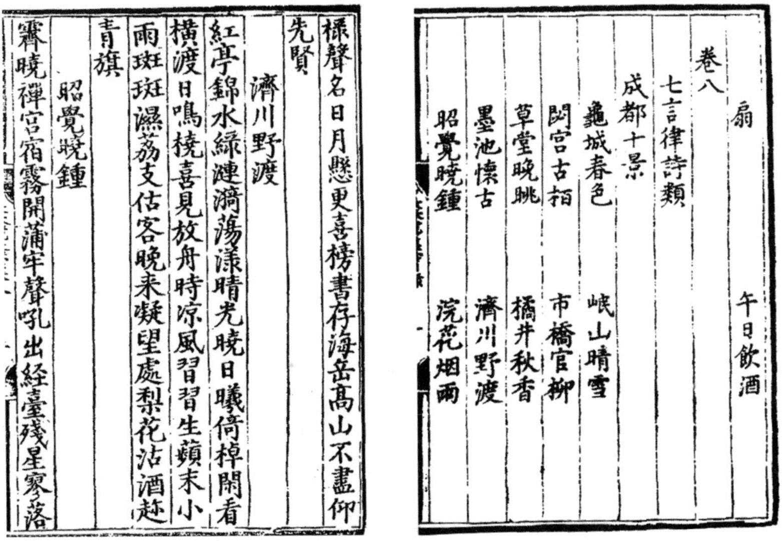

扇 午日飲酒

卷八

七言律詩類

成都十景

龜城春色 岷山晴雪

閟宮古栢 市橋官柳

草堂晚眺 橘井秋香

墨池懷古 濟川野渡

昭覺曉鍾 浣花烟雨

標聲名日月懸更喜榜書存海岳高山不盡仰先賢

濟川野渡

紅亭錦水綠漣漪蕩漾晴光曉日曦倚棹閑看橫渡日鳴橈喜見放舟時凉風習習生蘋末小雨斑斑濕荔支估客晚来凝望處梨花沽酒趂青旗

昭覺曉鍾

霽曉禪宮宿霧開蒲牢聲吼出経臺殘星寥落

▲ 图为蜀成王朱让栩撰《长春竞辰稿》载“成都十景”和“昭觉晓钟”书页

“崇儒重道”的朱椿到成都后，还与新都硕儒杨敏交往深厚，“乃召先生为国中士子矜式”，把其立为读书人的楷模。朱椿还把成都驷马桥北边的良田和美宅，赐给了杨敏。杨敏，字学可，其清风先生的雅号，就来自朱椿为其宅院的题联“流水画桥题柱客，清风精舍读书人”。《重修昭觉寺志》卷一“山川”就记载，“冯家垉：寺西三里，即古清风精舍故址”。朱椿当时赐予杨敏的驷马桥北边青龙场一带的良田，后来在清初丈雪时期，或就属于昭觉寺的寺产。

第七任蜀王、惠王朱申凿和第九任蜀王、成王朱让栩，爷孙俩都出奇地热爱文学，都写有“成都十景”组诗，为成都人留下了当时的“十景”。

“浣水风烟接草堂，龟城官柳丽春阳。杨雄池上鱼吞墨，诸葛祠前柏傲霜。舟渡霁川依岸近，钟鸣昭觉出声长。杯浮菊井秋香细，遥见岷山雪吐光。”这是《惠园睿制集》收录的朱申凿写的《成都十景》。《长春竞辰稿》收录的朱让栩写的《成都十景》则是：“古柏森森碧叶齐，春城日暮草堂西。岷山雪霁排银壁，浣水烟笼锁翠堤。桔井相浮金盏注，墨池色润采毫题。济川舟送钟鸣远，官柳桥边匹马嘶。”

爷孙俩除了一首涵盖十景的《成都十景》，还分别写了“龟城春色”“菊井秋香”“闷宫古柏”“市桥官柳”“草堂晚眺”“济川野渡”“岷山晴雪”“昭觉晓钟”“浣花烟雨”“墨池怀古”各一首。“昭觉晓钟”作为有明一代的“成都十景”之一，又是怎样的呢？

朱申凿写的《昭觉晓钟》：“蒲牢才击韵铿铿，声彻禅林报晓晴。月夜扣时心地警，霜天撞处梦魂惊。上方嘹亮多遗响，还道春容正大鸣。何事僧家能解悟，海门风顺吼长鲸。”

朱让栩写的《昭觉晓钟》：“霁晓禅宫宿雾开，蒲牢声吼出经台。残星寥落晨鸦起，斜汉透迤候雁回。江绕鱼凫仙棹发，桥临驷马使车催。登临有客还怀古，废苑宣华锁碧苔。”

爷爷写的是早春的“昭觉晓钟”，孙儿写的是隆冬的“昭觉晓钟”。

很奇怪的是，几乎与朱申凿同时的明代官修地理总志《大明统一志》（天顺五年内府刊本）卷六十七“四川布政司·成都府”“寺观”里，并没有收入昭觉寺词条，城北只收录玉局观和通真观。“昭觉晓钟”，似乎只停留在两个爷孙蜀王的私人世界里。

光绪二十二年（1886），《重修昭觉寺志》首次梳理了“昭觉八景”。这八景分别是“威凤凌霄”“经楼积翠”“万岭青松”“赛虹古柏”“芳池洗月”“窣堵藏云”“佛井莲花”“石桥木鱼”。同样奇怪的是，昭觉寺方丈中恂并没有收入“昭觉晓钟”，可见，光绪年间，明人心目中的“昭觉晓钟”早已成为历史，就连昭觉寺僧，也闻所未闻。现在，一百余年的时光，连“昭觉八景”也已不存，更何谈“昭觉晓钟”，但其诗意之风景，依然让人心生向往。

“崇祯元年，全陕天赤如血。五年大饥，六年大水，七年秋蝗、大饥，八年九月西乡旱，略阳水涝，民舍全没。九年旱蝗，十年秋禾全无，十一年夏飞蝗蔽天……”[1]这个“亡国之象”似乎注定了大明的结局。

① 严如熤、杨名扬：《汉南续修郡志》，民国十三年刻本。

▲ 《重修昭觉寺志》载“昭觉八景”之“佛井莲华”版刻图，光绪二十二年（1896）刊刻

自天启七年（1627）起，摆在十八岁朱由检面前的，是一个昏庸哥哥留给他的，让他焦头烂额的烂摊子，即使铲除了阉党魏忠贤，他也无法阻止一个帝国的下坠。何况，还有接连不断的天灾人祸，“人相食，草木俱尽，土寇并起”，“南北俱大荒……死人弃孩，盈河塞路”。接着是崇祯十三年（1640）开始的鼠疫，“瘟疫大作，死亡枕藉，十室九空，甚至户丁尽绝，无人收敛者”，“病者先于腋下股间生核，或吐淡血即死，不受药饵。虽亲友不敢问吊，有阖门死绝无人

收葬者”。

对于崇祯面临的处境，汉学家卜正民在《挣扎的帝国元与明》中，有过一番多维的审视与思考：“明朝覆亡由许多段历史交织而成：它既是发迹于东北边境的大清帝国的扩张史，又是14世纪以来中国经历的最大规模的内乱史；它既是明朝走向分崩离析的历史，又是人类气候史上的重要一章。它们讲述了不同的故事，却又交织成同一部历史。如果1641年初黄河流域没有发生影响70%人口的大疫的话，这一地区便不会防御空虚，那么，李自成的叛军还会有可乘之机吗？这是我们可以追问的问题之一。什么才是压垮骆驼的最后一根稻草？是财政破产？是叛乱？是满族军事强权？还是天气？如果这是一道单项选择题的话，那么答案会让我们看到部分真相的同时失去更多。在中国历史上的这一紧要关头，正是上述事项的综合作用拖垮了明朝政权。”

然而，不管怎样的清醒，即使崇祯面向全国百姓六次下罪己诏，都改变不了一段历史惨烈的书写。

崇祯十七年（1644）三月十七日，农民起义军李自成围攻京城。三月十八日晚，三十五岁的崇祯在宫中举行了最后一次家宴。随后，送走三个儿子，崇祯让周皇后、袁贵妃、懿安张皇后自缢而死，并流着泪对十五岁的长平公主说：“你为什么要降生到帝王家来啊！”说完左袖遮脸，右手拔剑先后砍中了她的左臂、右肩致其断臂重伤，又挥剑刺死了年仅六岁的幺女昭仁公主，以及妃嫔数人。

十九日凌晨，天将曙明，大火四起，火光映天。崇祯携御笔太监王承恩离开紫禁城，登上皇家禁苑煤山，在一株歪脖树上自缢身亡，死时“以发覆面，白夹蓝袍白细裤，一足跣，一足有绫袜”，衣上以血指书：“朕自登基十七年，虽朕薄德匪躬，上干天怒，然皆诸臣误朕，致逆贼直逼京师。朕死，无面目见祖宗于地下，自去冠冕，以发覆面。任贼分裂朕尸，勿伤百姓一人。”

后来，这一天成为大明王朝的亡国祭日，每逢此日，黄宗羲、顾炎武等明末遗民必沐浴更衣，面向北方，焚香叩首，失声恸哭。在这场“甲申国难”里，明人上演了最为壮烈的一幕，至今让人不忍卒读：

> 诸臣闻变，大学士范景文并妾，户部尚书倪元璐并一门共十三人，左都御史李邦华，副都御史施邦曜，大理卿凌义渠，兵部右侍郎王家彦，刑部右侍郎孟兆祥并妻何氏、子章明、媳王氏，左谕德马世奇妾朱氏、李氏，左中允刘理顺并妻万氏、妾李氏及子与婢仆辈阖门一十八人，太常少卿吴麟征，左庶子周凤翔并二妾，检讨汪伟并妻耿氏，户科给事中吴甘来，御史王章，御史陈良谟并妾时氏，御史陈纯德、赵馔，太仆寺丞申佳允，吏部员外许直，兵部郎中成德并母张氏、妻张氏及子，兵部员外金铉并母章氏、妾王氏及弟錝，光禄寺署丞于腾蛟并妻，新乐侯刘文炳并祖母与弟，左都督文耀及妹、子孙男女共十六人，驸马巩永固并乐安公主及子女五人，惠安伯张庆臻并阖门男女，宣城伯卫时春并阖家，锦衣卫都指挥王国兴，锦衣卫指挥同知李若珪，锦衣卫千户高文采并一家十七人，顺天府知事陈贞达，副兵马司姚成，中书舍人宋天显、滕之所、阮文

> 贵，经历张应选，阳和卫经历毛维、张儒士、张世禧并二子，百户王某，顺天府学教官五人，俱失其姓名，长州生员许琰，俱死之。诸臣死难，惟孟兆祥守正阳门，死于门下。王章、赵撰骂敌而死。范景文、申佳允、刘文炳、卫时春赴井，金铉、滕之所、阮文贵、张应选投御河，施邦曜饮药，凌义渠扼吭，巩永固及乐安公主、张庆臻自焚。其余皆投环自缢而死。①

覆巢之下，岂有完卵？2018年10月21日，四川博物院举办“江口沉银——四川彭山江口古战场遗址考古成果展”，那些精美的金银首饰后面，有多少四川平民百姓的生命、恐惧和呼救。

“六月，献忠陷涪州、泸州，蜀王告急于江南。献忠陷重庆，瑞王阖宫被难。八月，献忠陷成都，蜀王阖宫被难，献忠自称西王，改元大顺。献忠大索全蜀绅士至成都，皆杀之。既而悬榜试士，云不到者斩。诸生远近争赴，献忠以兵围而击杀之，咸挟笔握策而死，蜀中士类俱尽。”

“崇祯末，京师陷，蜀尚无恙。未几，张献忠陷成都，合宗被害，至澍率妃妾投于井。”“凡王府室支，不分顺逆，不分军民，是姓朱者，尽皆诛杀。”②拥有一千余众寺僧的大慈寺，“因匿蜀王宗

① 吕抚等著《历代兴衰演义》第三十八回“李自成犯京邑社稷摧崩”。吕抚（1671—1742），字安世，号逸亭，浙江新昌人，清代藏书家。屡试不第，遂决意仕进，广结名流，以著述为事，成书甚多。后海宁查嗣庭狱起，惧遭牵连，私下毁版过半，仅存《三才图》《四大图》《纲鉴通俗演义》（后人增补改名为《二十四史通俗演义》，又名《历代兴衰演义》）等。

② 佚名.《纪事略》. 北京：中华书局，1959.

室，悉屠之。”[①]

“之渤与监纪同知方尧相等，请王出财货，招募死士，向东杀贼。王以祖制为辞。……王惧，方出财招募，三日，人无应之者，而贼从资简至矣。……城破，王率嫔妃沉于宫中八角井。太平王至渌从焉。文光等俱殉难，贼大杀三日。”彭遵泗在《蜀碧》中感叹：“蜀世有共德，王号贤王，特以祖宗之制，不典兵，不与民事，故请饷弗听，请召募弗听，贼傅城下，始出金购兵，而人莫应。二百七十年富庶之藩封，丧于贼手矣。哀哉！”

《重修昭觉寺志》载明末任昭觉寺方丈的，是破山海明的徒弟离指方示，其行踪是成都昭觉寺、嘉陵草堂寺、新繁之河西等地。《四川风物志》则载：“崇祯十七年（1644）明末起义军领袖张献忠入成都建立大西政权，亲临昭觉寺巡视，敕封昭明和尚为大西国军师。清军入川，昭觉寺被战火所毁。”[②]这段记载，不知所据出自何处？

从那时起，昭觉晓钟被人遗忘。

① ［清］李馥荣．《滟滪囊》卷三．见《张献忠剿四川实录》．成都：巴蜀书社，2002．

② 文闻子．《四川风物志》载《昭觉寺》．成都：四川人民出版社，1985．

因水而兴　因客家而盛

康熙元年（1662），四川巡抚张德地由广元入蜀赴任，顺嘉陵江南下，经顺庆（南充）、重庆抵达泸州，“舟行数里，寂无人声，仅存空山远麓，江上鸟影”，而先行官驰报，赴任之地成都，“举城尽为瓦砾，藩司公署久已鞠与茂草矣”。张德地只好移居保宁（今四川阆中），并上书朝廷，请求川省招流返籍，移民复垦，于是两湖、两广、闽、陕、赣和云贵诸省先民，纷至沓来，这就是第二次“湖广填四川”。

康熙二年（1663）三月十九日，僧人丈雪伫立在昭觉寺圆悟克勤的墓前。即使侥幸逃过了蒙元的铁蹄，但终究没躲过明清之交的这场兵火，举目四望，巴蜀大地，唯有一片废墟。从唐至明的这片土地上，仿佛从来就没有一个昭觉寺。一切的盛宴、繁华、文明，只是一个幻觉和传说。丈雪决定拿起镢头的那一刻，青龙岗下面的青龙包上，一家家远道而来的客家人正在驻留。他们拖家带口，包袱里背着家谱和祖先的骨灰罐来到这里，从此就再也没有离开。他们，将赋予这个地方“青龙场”这个名字。

但青龙场的兴盛，注定离不开一个和尚——丈雪通醉。

“领众赤手撮砾，结茅五十余间。……鹿门彭司李置农器。诸山及众善人助耕牛五十头。垦荒种菽，且左右一带杳绝人烟。或曰：‘缺水，未能营生。’溯渠十五里许，有长堤陷五百尺。随即捐衣钵，率缁素，计一百二十日，堤成。”[1]花了四个月，丈雪修建的堤名“石递堰”，又叫“石梯堰”，在昭觉寺西四十里，属当时的郫县。《重修昭觉寺志》卷一“水利”记载这段昭觉丈雪开石递堰，颇为详尽：丈雪“领众赤手草创茅屋数间。时廉访朱公、鹿门李公助师农器，邻里假牛助耕，由是垦荒种菽。兵燹之后，人烟乏绝，且所垦之地，概属旱土，不能种谷。师躬溯水源，由寺西洪门堰经螃蟹等堰，上至太和场之石梯堰，往返旬日，因见上流之水由太和场直达凤凰山，经狮子庵过羊鹿山下，入驷马桥大河，而寺田并无沟渠相通。师始禀官立案，率众开渠，由洪门堰过欢喜坡，循寺右筑堤五百丈，引水绕左经龙眼桥、升仙桥而下，计长十五里，渠成而水不能畅发，乃备糇粮领缁众至太和场石梯堰，躬操畚捐。僧众行立，以次递石，阅百二十日，堰成，故名石递”。

此后，石递堰每年春分的这一天，都要祭堰，这种仪式，一直保持到光绪年间：“开堰时，石递总长预帖先请寺僧，僧至行礼毕，以次总散行礼后，方始开堰。盖不忘所自故也。寺田堰费，每年五千五百零五文，存堰底钱三百串，年出息钱三十六千文。祭堰时，并交总长手，如例余详。”

在石递堰的基础上，丈雪又进一步修筑“昭觉堰”。昭觉堰，《重修昭觉寺志》卷一“水利”记载：“寺右西北角引渠，经八角亭径达东脚门外，以为安车灌溉高田之用，堰上余水则有古湃缺下流驷马桥大河。时有下坝粮民曾在位等因彼处田畴系华阳油子、府河尾水

---

① 彻纲、彻生、海屿、彻中等编《嘉兴藏·昭觉丈雪醉禅师纪年录》. 见《嘉兴藏》. 姜锡慈、韩锡铎、王清原整理. 北京：民族出版社，2008.

灌溉艰难，遂邀下坝人等上寺恳乞，蒙丈雪方丈概允，遂将余水缘寺右捐田开渠，循寺右堤下达至寺左下坝入华阳界。”

康熙十七年（1678），昭觉寺方丈彻纲佛冕，向师父丈雪通醉请示说：“连年不熟，加以徭繁，有穷民四十七户意欲别往。冀筏米赈之。”丈雪接受了彻纲的建议，“即发米数十石周急”，由此可见，丈雪重建昭觉才十五年，就已经有了约五十户佃户，亦可想象其田土规模。

嘉庆十五年（1810）十月望九日，昭觉寺租田户、堰长曾在位之子曾绍先，在父亲去世后，于昭觉客堂，写下了一篇颇有文采的《水堰记》，兹全文抄录于此：

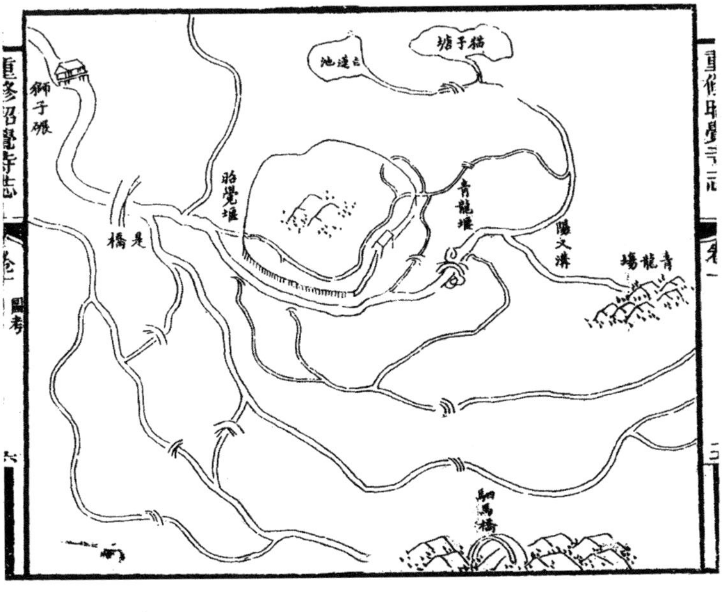

▶［清］释中恂、罗用霖编《重修昭觉寺志》载“水利全图”，光绪二十二年（1896）刊刻本

窃思木有本水有源也。盖成华东北隅上下两坝粮田之水源，缘起昭觉。夫源头活水而源远流长，接续都江由来远矣。自灌县流转崇宁、新繁、郫县，从流而下，穿山透石，分流石梯堰者，历今代有传焉。而水之源，方灌溉成邑，头二三四六甲用毕，水归昭觉八大堰，分布流通，惟华阳独居水尾，上流下接，一定章程，从无颠倒错乱。

自我国朝定鼎以来，昭觉寺侧无河道沟渠，而饮流伏地，由凤凰山到落凤桥，通狮子庵，直达羊鹿山，归驷马桥下河，沿途形胜宛在。尔时开山丈雪老人，费尽千辛，不惜锱铢舍己从人，筑堤开河，禀官立案，心存济世，溥福生灵，功莫大焉，后世企慕，互相脍炙。在当前之际，地广人稀，赖和尚率领僧众，躬至郫县石梯堰。始末原由，名曰昭觉堰者，今古流传，肇自斯焉。而堰水之源，由右边之水，筑堤包环左边，建立水碾一座，以镇山门水口。

查康熙三十四年，寺僧禀恳成华县主，王案下，随带工房书役亲临勘丈堰堤河口，只有案牍无有碑铭，后人不得而知。越至雍正六年，分设华阳，一县分为两县，成都百姓居上，华阳百姓在下，需用昭觉余水繁多，水路愈行愈远，兼之林园基址，旱地俱已成作水田。再于雍正九年，川省巡抚年大人云“省会大地，要船筏各处相通”，新挖壕沟，往来船筏，将螃蟹堰之水冲流一股，过油子府河，又被诉棍廖世泰卖水一股与马厂，水势分散，以致水不敷用。至乾隆三年，遭螃蟹堰新开河名翻杠堰，图揢船筏重利，经三甲乡约杜之华查知，协昭觉粮户曾在位、梁星拱三人首先禀官，当蒙成邑鲍主亲勘即谕，将新河坝塞筑断堰，径在螃蟹正河，修鱼嘴六丈四尺有奇，堵水入濠，取具遵依立结在案。斯时，昭觉潜修和尚将堰长事务付托吾先君曾在位代昭觉办理。四载，不幸先君弃世，将堰长责任退还昭觉，寺僧转请下水碾范绍伯代办，六年无事。冤遭华阳讼棍廖世泰闲充堰长，希图射利，卖水与马厂，噫然而伊等不善之名，虽孝子慈孙百世莫易。而世泰虽充堰长多年，专务构讼为符，全不经理堰事，妄听包堰工人王浩然、王金印、刘四貌等蔽蒙诈骗阻遏下堰无水种秧，情惨已极。

余于乾隆年间，已曾受和尚嘱托，亦体父志，救急于水火中，不致粮田荒芜，生灵受窘，是以邀契友袁中元联名呈控水利府祖商仲案下，蒙赏踏勘，遵照康熙三十四年各甲分修丈尺、淘河筑堰、立定章程、勒石碑阴、永垂不朽。再者，洪门堰堤埂单薄，一年两修，需费繁密，余与昭觉方丈道魁和尚商通，才与张姓买田改河，买契存寺。致于鱼嘴败缺，平水石条，石梯、洪门两处河口，一年一淘，非曾袁二人功行，而今焉能久乎？然则昭觉创之于前，曾袁继之于后，在后之览者，概可知矣。况余朽年已七衮有加，虑后年深久远，失其统序，故特书水源颠末，著于昭觉，待其同事仁人洞鉴而为之记。

若夫水源，原是上流下接，盈科而后进，有一定规例，勿得强争。内有不遵者，投鸣堰长赴昭觉寺，执牌禀官责斥。

作为昭觉寺的第二代租田户，同时充当过堰长的曾绍先，此时已经年过七十，因为父子两代都是昭觉堰堰长，他对昭觉水源充满了一种血脉一样的深情。“查康熙三十四年，寺僧禀恳成华县主”，他不但记下了自康熙九年（1670）裁撤华阳并入成都县后，当时的成都县就有“成华”这一特殊的地域称谓，更指出丈雪所开昭觉之水，灌溉了成华东北隅上下两坝粮田，“盖成华东北隅上下两坝粮田之水源，缘起昭觉”。清唐炽芳《古昭觉堰水源碑记》说“窃以成华两邑水源，各分成都……”而自丈雪开一脉昭觉之水，就这样把成华连缀在了一起，以至数百年后，有了今天的“成华”。

“自是水源畅达，傍渠田亩，变为沃壤者不下数十万顷。兵民交庆，余水犹能沾溉下游，使下之基址旱地俱成水田……”“今濯锦兵民，皆水之益也。”这两句话，也道明了青龙场因水而兴，又因交易买卖而逐渐成场的来历。“四川地区古镇形成最主要的原因就是交易，因为四川农村地区未能形成像其他地区那样的村庄，而是分散居住，即几户人为一个小组团的林盘，难以形成较为集中的物资交换与集散。”魏柯等著《四川古镇现象学——场所与知觉的意义》指出：“人们为了获取自身生活物资，就必须到其他地方去交换，逐渐在交通比较方便的地点形成了市集或者物资集散地，因为运输物资或者商业贸易的需要，附近的部分人在传统的农业基础上，逐渐在这里定居，形成居住点或者公共建筑，如茶馆、手工业小作坊等，这个时候古镇的雏形——幺店子——形成了。在此基础上，古镇顺应地景的特点，发展形成不同的形态。”

昭觉和尚与当地百姓的官司诉讼，在《重修昭觉寺志》里有着数次记载，对于一个寺庙来说，在中国历史上的确是个较为特殊的现象。

上文《水堰记》就记载有一场关于堰长廖世泰、堰工王浩然、王金印、刘四貌等人的纠纷，“冤遭华阳讼棍廖世泰闲充堰长，希图射利，卖水与马厂，噫然而伊等不善之名，虽孝子慈孙百世莫易。而世泰虽充堰长多年，专务构讼为符，全不经理堰事，妄听包堰工人王浩然、王金印、刘四貌等蔽蒙诈骗阻遏下堰无水种秧，情惨已极”。

《请禁私佃碑记》也记载了嘉庆十八年（1813），当时的方丈超凡曾呈请成都府批准对佃户加租，借以缓解由于寺僧众多、寺院入不敷出的严峻形势。但矛盾却愈演愈烈，五年后，被此俗事拖累得焦头烂额的超凡，最后被迫离席退院。嘉庆二十三年（1818）十一月二十三日，因佃户“冯均聘等拖欠租谷，犹复霸踞不搬”，成都县堂做出裁决，并发《请禁私佃碑记》：“昭觉寺各佃户等知悉，自示之后，尔等承佃寺田，均须自行耕种，不得转佃与人。或有不愿耕栽，亦须告明寺僧，再为转佃。至于应纳租谷，仍须照依断案年清，年款不得任意短少颗粒，倘敢仍前私取押租转佃，定将该佃户照盗卖官田律治罪。如欠租不给，亦即拘案比追，决不宽贷。莫谓言之不预也。各宜凛遵毋违。”仿佛一个怪圈，继超凡之后，数位方丈，无不陷于与民争讼的困境和紧张。咸丰四年（1854）七月十七日的一则告示，就记载了道光六年（1826）和咸丰三年（1853），两次发生的争水事件：

道光六年，天时亢旱，堰水浅少，寺佃钟贵凤等在闸门安放水板二块，致水不能下流，下游田亩无水栽种，粮户谢重辉伪捏合同，以寺田“只准清明前闸水，清明后不得用闸”等情赴县控争，经赵前县勘讯断令寺僧准闸板以一尺宽为率，上闸不得加增，下堰不得扯挖，取结完案。历年雨旸，时若僧俗相安。

咸丰三年五月间，天旱水涸，该处田亩乏水栽插，下游粮户郑国祥等复执合同，不准寺佃用板闸水，与寺僧心量等赴县互控。李前县未辨合同真伪，断令照合同以清明为期，清明前准用闸板，清明后即行撤去。僧心量等不肯具结。徐前县覆讯，仍以合同为据，断于小满前五日撤板，过后不准闸放。僧心量等以每年堰水发有早迟，若以节令为限，万一水较迟，恐于栽插有碍；况小满前小春尚未收获完毕，田不栽秧，无需堰水，徜撤去闸板，堰水不得分流入沟，寺田必至荒废。即与郑国祥等先后上赴督藩臬道府宪辕门，互控批委前因。本县会同委员王亲诣履勘，用签插量沟高于堰约一尺许，投物试验水势约三分入沟，七分归堰，饬令撤去闸板则横沟之水尽横流入堰，非用木板截闸堰水，实难分流入沟……

今既勘讯得实，自应仍照赵前县原断，无论堰水大小，准寺僧于闸门用木板闸水引灌寺田，其木板永以一尺为率，余水由板上涌流灌溉下游田亩，寺僧不得违断加高，下堰粮户亦不得妄冀扯挖，俾两造均沾水利……

又如，同治十三年（1874）三月初十日，告示上记载的另一场争水官司：

同治十三年，陈应清搭笕截水控争蒙王主介卿勘明立案告示附邑侯，王为照断示禁，以杜后衅事，照得案奉藩宪王批，据监生陈应清等上控僧真静等贿弊蒙塌等情一案，当经照唤，集齐人证，番讯断令陈应清等，仍遵照白前县断案，所有猫子塘之水，西边寺田取用，东边归民田车水，陈应清管业系在民田之内，应取水于东，不准搭笕截水。在案，兹据六甲昭觉寺住持

▶［清］释中恂、罗用霖编《重修昭觉寺志》载，康熙二十六年（1688）立《昭觉寺界址碑记》。图为昭觉寺收藏的田界碑　林子昕摄

僧明照，知水源事呈称为遵恳示谕，息讼杜累事缘，陈应清赴藩宪捏控僧等朦塌一案。去六月，沐恩亲讯，阅明勘禀，印契羊叉、青龙等沟，俱系僧等买业所开之沟，与陈应清无涉，断令应清不准安笕截水，只准应清在猫子塘同众民田车灌……

“赖因师祖年高八十，亦恐异日僧俗混乱，界址相侵，杂项差役，恐行加派，即今幸逢宪光正照宏护法门，若不具诉批准，又恐日后难逢殊遇之恩，伏乞再准批行府县以便勒碑，庶使僧俗不致紊乱，边界得以无侵，今将四置界畔水碾一座，与同唐宋碑记开列于后，恳恩赏阅，以垂永远万年之记，等情蒙批。”康熙二十六年（1687），丈雪已经七十八岁了。从这一年始，他静隐于昭觉后山的云半间，有时候，他会立在田边，看僧人和农人们在昭觉的庙产里，劳作收割。同时，他会把目光投向更远的地方。在山的那边，一轮落日，辉映在火烧云里。也就在这一年，丈雪或感到庙产会在将来导致不必要的纷争，便由其晚辈出面，禀明官府，获得允准，于十一月十五日立昭觉寺界址碑，由此，我们可以一窥其当时的庙产与边界：“……前抵驷马桥溪边下至张家水碾及烂泥沟为界，后抵白莲池为界，左抵升仙铺为界，右抵本寺水碾及大团山堰沟为界……下院欢喜庵、圆悟关田粮在寺；城内下院太平寺、慈氏庵，双流县下院潮音寺。所招佃户尤世龙等十一家。”

当时，昭觉寺有佃户十一家，有欢喜庵、圆悟关、太平寺、慈氏庵、潮音寺五下院。庙中的僧人已经发展至数百之众，并主要以租谷为生。嘉庆二十三年（1818）十一月二十二日晓谕《请禁私佃碑记》

就说："但寺中数百僧众亦全赖此租谷资生。"正是寺僧把田产租佃给周边农民，以及与下游华阳农民的用水之争，才导致了寺庙与周边农民打了数场官司。

不过，因为这些官司文书，却无形中记载了自丈雪重建昭觉以来，青龙场周边和昭觉堰下游的华阳，一些平民百姓的姓名，如廖世泰、杜之华、曾在位、梁星拱、范绍伯、王浩然、王金印、刘四貌、曾绍先、冯均聘、谢重辉、钟贵凤、郑国祥、陈应清等人，如果不是一泓昭觉之水，他们将在青龙场的历史上籍籍无名。

▶ 1917—1919年，成都北门大街 ［美］甘博摄

正是这些与田为生、靠水吃饭的人家，这些占当地人口90%的客家人，以及他们的后辈，在丈雪开堰之后，随着昭觉寺的一声声洪亮而悠扬的钟声，客家人的青龙场，因堰水而重兴，因客家而繁盛。

从地理位置看，青龙场位于成都平原与丘陵的过渡地带，是成都北面最靠近城市的一个地方，又处于川陕路上，所以是客家人迁徙至成都后的一个主要落脚地之一。加上昭觉寺香火旺盛，许多商人最初聚集在寺院门口经商，饭店、酒馆、杂货铺、蔬菜摊等，青龙场因此渐渐发展成了一个客家人聚居的场镇。虽然，场上后来有了川主庙，川主庙又演变成东岳庙，附近还有欢喜庵和回龙庙，但似乎都难以和昭觉寺抗衡，以至这些庙观，都消隐在了历史的烟云中。

兰玉英在《洛带客家方言研究》中指出，成都客家方言分布由东到北连缀成片，分布在锦江区、龙泉驿区、成华区、新都区和青白江区六个区所辖的二十七个街道办事处和乡镇。这片区域的客家人，所说的话多为成都话，但位于北端的木兰镇、泰兴镇、青龙场、天回镇的客家人则说新都话。①

时代在变迁，谢桃坊则在《成都沙河客家的变迁》一书中写道：沙河流域一带是客家杂居之处，20世纪40年代，这一代的双水村、新鸿村、八里村、圣灯村、联合村、青龙场等地以客家方言为主要交际语言，驷马桥、万年场、牛市口、莲花小区等地曾经是客家方言和成都官话并行，然而现在在这些地方已经很难听到有人说

① 兰玉英.《洛带客家方言研究》. 成都：四川人民出版社，2005.

客家方言了。[①]

陈世松在《四川客家》中说，以前，成都县属的青龙场、天回镇、三和场，新都县属泰兴场、木兰寺，以及简阳县属的洛带镇等地，这些客家人都仍保存着他们的语言风俗习惯，“由此山地风光，与四周俱异。”[②]

作为青龙场文化站的老站长，戴庆云说起青龙场的客家人是如数家珍。他说，20世纪50年代的青龙场，客家人占总人口的95%，周边的隆兴场、保和场、圣灯寺、万年场、牛市口等，都属于客家人的主要聚居区。大约在1950年以后，青龙场一带就开始逐渐建工厂，祖祖辈辈以农业为生的客家人，随着政府的要求将土地让出，进入浩浩荡荡的工人行列。这些工厂，除从外地引进的技术骨干、管理者等人员外，其他人员都属客家人。土地未被征占和未进入工厂的其他客家人，依然在这片土地上耕种与居住。随着社会的进步与城市化建设的发展，青龙场逐渐被城市化与城乡结合化，最终形成现在的街道与人口分布。而今，客家人依然在青龙场地区占主要人口，只是随着外来人口的迁徙，客家人的人口所占比例有所减少，而且，他们的特征已经越来越不明显。

客家人的猫公牌，仿佛蕴含着客家人独特的族群密码。作家朱玉霞，曾经在很长一段时间，对客家人的猫公牌感兴趣，她骑着车子跑遍了整个青龙场，却没有看到还在玩这种牌的老人。在赖家店与十陵

① 谢桃坊.《成都沙河客家的变迁》. 见《成都东山客家研究》上册. 成都：天地出版社，2005.

② 陈世松.《四川客家》. 桂林：广西师范大学出版社，2009.

镇交接的双林村，她才有幸找到了几位还在玩猫公牌的客家老人。

今天，青龙场的客家人的确不怎么会玩猫公牌了。正如戴庆云所说，随着城市化的进程，青龙场的客家人，已经不多，或者说并不明显了。流传在他们之间的，除了四川话、客家话，还有一种土广东话。钟正清记得，阿娘（母亲）说了几句客家话，又说了土广东话，他们也听不懂。唐智芳说："以前，场上95%以上都是客家人，除了个别的生意人不是。有了内燃机厂和成渝铁路东站以后，才有了一些外地人进入"，"青龙场的客家人，大姓有曾家、廖家"。

从小家住青龙场边的朱文建，十几年来，总是用文字在《成都日

▲ 客家人的猫公牌　冯荣光摄

报》《成都晚报》《华西都市报》上，和成都人分享和怀念他记忆中的老青龙场。外婆是客家人，但他却只能算半个客家人，拿他的话说，是“只听得懂客家话，说不来”。小时候，朱文建跟外婆去赶青龙场，“一路上都是挑担提篼的，除了纷杂的脚步声和鸡公车吱吱呀呀的叫唤声外，就是叽叽嘎嘎的客家话招呼声，尼格量格（这个那个）不绝于耳。外婆带我到镇上一户人家里歇脚，人家就扳起我的脑壳看了看问，嘿那凝格写吉子（是哪个的小娃娃）？外婆说是外孙，广嗡来广东话（说不来广东话）”。

“青龙场客家人的节气，主要有二月二龙抬头、三月三女儿节、清明节、四月初八药王会、端午节等。不过，下半年客家人的节气就少了，主要是要抓生产。”虽然自己不是客家人，但从小在青龙场生活的唐智芳，似乎已成了客家人的一分子。他说，客家人做得最好的，就是热窝鸡、热姜汁鸡、熬锅肉、咸烧白、甜烧白、粉蒸肉。客家的九斗碗，鸡鸭鱼，咸烧白、甜烧白、髈（肘子）、粉蒸肉、蒸肥肠……客家人离不开凉粉，以米凉粉为主。“女的上了年纪，包帕子拴围腰，自己编的土布，一尺二寸长，自己买的膏子来染。”

唐智芳老人以前是青龙场的一名公安干警，他说在客家聚居区，学会说客家话是一项必需的工作。如果不会说和听客家话，在工作中，就会遇到各种困难。就是现在，许多地方的客家人，在开村委会或者其他会议的时候，基本都说客家话。作为一名工作人员，如果不会听也不会说，在理解上就会有所偏差。再者，如果是在客家聚居区执勤、走访或者调查时，也不能随时随地都有人跟你翻译，这样就会引起诸多问题。所以，学会这门语言，就成了那时候，他这种不是客家人的工作人员的一门必修课。

青龙场上，买卖东西，都是用客家话讨价还价。在作家朱文建的记忆里，因为青龙场是离成都城最近的一个集镇，所以很多城里人都跑来赶场买个便宜。有的人会说客家话，但有的人不会，就只能硬起头皮假冒，学着客家话讨价还价，怕在价格上被宰。但这种拗口的客家话，在大伙听来，“不仅说起来十分吃力费劲，听起来更是难懂，可笑滑稽”①。

① 朱文建.《我的客家情结》. 见《华西都市报》，2016年4月9日.

北郊禅灯

从休梦了觉到纯白绍觉

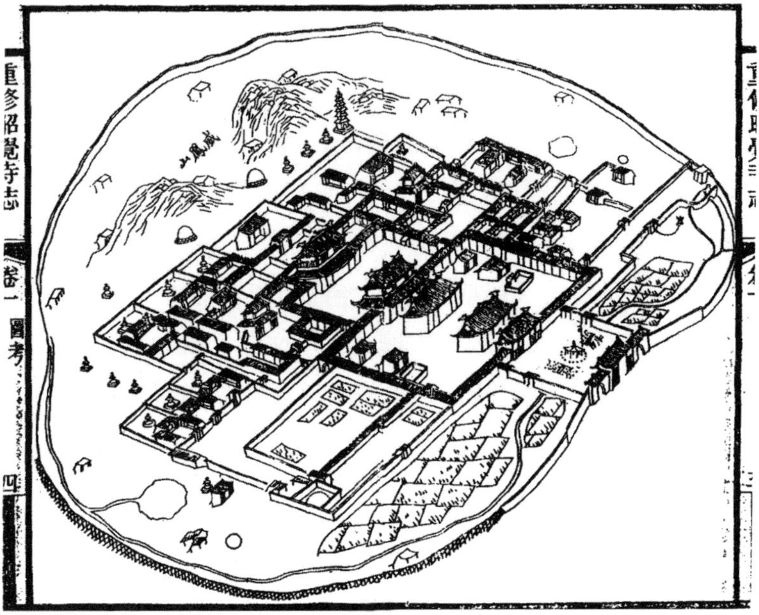

▲ ［清］释中恂、罗用霖编《重修昭觉寺志》载“殿宇全图”，光绪二十二年（1896）刊刻本

“堂开西蜀，寺启盛唐。楼阁崇丽，殿宇辉煌。梵宫贝阙，丈室禅房。金留粟影，玉蕴毫光。拈花胜境，选佛名扬。祝厘报国，巩固遐昌。”这是清光绪二十二年（1896）刊刻、昭觉寺方丈中恂主修的

《重修昭觉寺志》中“寺院”篇的引赞。

《重修昭觉寺志》卷二“禅灯附行实”及李富强《昭觉寺史话》，载有昭觉寺僧人“禅灯”若干，如唐有休梦了觉禅师；宋有延美禅师、师范禅师、符禅师、纯白禅师、圆悟克勤禅师、彻庵道元禅师、道祖首座、觉辩禅师、子文禅师、祖明禅师、宗显正觉禅师、绍渊禅师；元有仲庆禅师，明有智润禅师、惟一真禅师、离指方示禅师；明末清初有丈雪通醉禅师、溪声圆禅师、竹浪彻生禅师（又名青城生）、佛冤纲禅师；清有问潮屿禅师、竹峰续禅师、潜修悦禅师、守仁定禅师、道魁元禅师、超凡阔禅师、明照通朗禅师；民国至今有了尘法师、慈清法师、清定上师、本光法师、佛智法师等。

在这些名字后面，那些名不见经传的昭觉寺僧众们，则像厚厚《昭觉寺志》上的一行行模糊不清的方块文字，默默书写着昭觉寺曾经的辉煌，以及众多昭觉寺高僧大德的恒久传说。

在《昭觉寺志》中，唐末的休梦了觉禅师，自乾符四年（877）领住建元寺始，就被尊奉为昭觉寺名副其实的开山祖师。《重修昭觉寺志·禅灯》载“休梦了觉禅师”条和《补续高僧传》卷第二十二载《昭觉延美传》，两段文字，皆源于李畋《重修昭觉寺记》关于“了觉大禅师”的文字：

> 昭觉寺……唐乾符丁酉岁，为了觉大禅师宴居之所。禅师法号休梦，姓韩氏，京兆万年人。时宣宗兴复象教，乃应诏诵经对。御落采配终南山之捧日寺。具大戒于律师神佑，悟技若于石霜庆诸，参法要于百丈怀海，契心印于洞仙良价。初至

洞山，洞山问："近离何处？"曰："湖南。"又问："途中还见异人否？"曰："若是异人，不涉途中。"价深器之，后领旨寓蜀，始立一大寺，辟甘露门。开堂日，僧问："净名大士入不二法门，旨趣如何？"曰："山僧未敢举明。"又问："若如是即事理不分。"答云："扁舟已过洞庭湖。"凡言峻机，晤以复如是。

因为《重修昭觉寺记》是李畋在昭觉寺门人"持了觉禅师诰敕三通、修寺行状数纸访畋请纪茂实"而写，加上《重修昭觉寺记》最早见于南宋扈仲荣等编《成都文类》[①]卷三十七，该书序言作于庆元五年（1199），编者又多为蜀人，此时《重修昭觉寺记》作者李畋才去世一百余年，所以李畋关于休梦了觉禅师的记载，其事迹当为确实可信。[②]

休梦了觉禅师领住建元寺的第二年，接替高骈为剑南节度使的门人崔安潜，即特意为禅师奏请唐僖宗，将建元寺更名为沿袭至今的

① 扈仲荣、程遇孙等编《成都文类》五十卷，为扈仲荣等八人编辑的诗文总集，共收诗、文、赋一千余篇，上起西汉扬雄，下至宋孝宗淳熙年间，内容多为历代骚人墨客歌咏蜀地山川之灵秀、文物古迹之繁盛的作品。因作者多为蜀人，编者又身为属地官吏，故取此书名。庆元五年（1199），四川安抚使袁说友为之作序。卷首别有题名一页，称编者有迪功郎监永康军崇德庙扈仲荣、迪功郎新差充利州州学教授杨汝明、从事郎广安军军学教授费士威、从事郎前成都府学教授何德固、文林郎山南西道节度掌书记宋德之、文林郎前利州东路安抚司办公事赵震、宣教郎新奏辟知绵州魏城县主管劝农公事徐景望、奉议郎新安军使兼知夔州安县主管劝农公事借绯程遇孙等八人。

② 扈仲荣、程遇孙等编《成都文类》卷三十七《重修昭觉寺记》有缺字，杨慎编《全蜀艺文志》卷三十八刊载此文时，已经补齐了缺字。

昭觉寺名："时剑南节度使崔公安渐（误，应为潜）奏改建元敕赐今额，仍给紫衣一袭式光宗教。"

在休梦的努力下，昭觉寺不但有了萧遘撰、刘崇龟正书的一通《建寺碑》，还获得了孙位、张南本、张询等流蜀艺人们为昭觉寺创作的多幅壁画。因为僖宗的一次避蜀，昭觉寺"而帝眷弥深"。

今天的昭觉寺后山，已经找不到"真隐之塔"了，对于开山祖师休梦了觉，我们也只有想象。范镇所写的一首《昭觉寺写真赞》[①]，或许就是描绘其当时所见的昭觉悬挂休梦了觉画像："皤然一叟，鬓白眉秀。群从在前，诸子在后。壁间丹青，其传安久，惟善嗣之垂世不朽。"

907年，王建立国"前蜀"的这一年，休梦了觉禅师在昭觉寺悄然圆寂了。此时，正是中国历史上的一段大分裂时期，欧阳修在《新五代史》中愤懑地将之称为"乱世"（《新五代史》卷一六《唐家人传论》）的"五代十国"，即中原地区的"五代"后梁、后唐、后晋、后汉与后周，以及中原地区之外先后出现的割据政权前蜀、后蜀、南吴、南唐、吴越、闽、楚、南汉、南平（荆南）、北汉"十国"，"原先的帝国惨遭分裂，并为至少十名政权新贵把持，他们中的大多数曾是无地的农民、强盗和走私者，以及至少一个奴隶。这些人的军事和政治生涯开始于血腥的战争，通过战争，他们建立了自己的地方割据势力。"[②]

① ［宋］扈仲荣、程遇孙．《成都文类》卷四十八．北京：中华书局，2011．

② ［德］迪特・库恩．《儒家统治的时代：宋的转型》．李文锋译．见《哈佛中国史》第四卷．［加］卜正民主编．北京：中信出版集团，2016．

生灵涂炭之时，沙门僧侣又岂能幸免，何况还有北周武帝的灭佛运动，“初断佛、道二教，经像悉毁，罢沙门、道士，并令还民。并禁诸淫祀，礼典所不载者，尽除之”（《周书·北史·武帝纪》），“三宝福财，散给臣下，寺观塔庙，赐给王公”（释道宣《广弘明集》卷八《周灭佛法集道俗议事》）。

宋建立时，原先30336座寺院，只有2694座幸存下来，这里面，就有偏安一隅的昭觉寺。但经过前后蜀折腾和王小波、李顺的农民起义，昭觉寺也是风雨飘摇，甚至到了吃不起饭的地步。淳化年间，有姓支的富人，在昭觉寺设斋给寺僧们吃，还发生了食物中毒事件，黄休复《茅亭客话》卷五载：“市野葚有黑而斑者，或黄白而赤者为斋食，众僧食讫悉皆吐泻，亦有死者。至时有医人急告之曰：‘但掘地作坑，以新汲水投坑中搅之澄清，名曰地浆，每服一小盏，不过再三，其毒即解。’当时甚救得人。”

直到大中祥符元年（1008），昭觉寺的周边依然杂草丛生，满目荒凉，“寺之旧址，复于颓垣，鞠为茂草，近百年矣。以至桃蹊樊圃，可畏其邻，认牛忘羊，莫分其主”[①]。这一年，宋真宗赵恒一纸诏书，敕赐休梦了觉禅师的第五代法孙延美禅师领住昭觉寺。

这个备受期许的延美，是个怎样的人物呢？

> 自大中祥符戊申岁，承领住持，迨三十有余载矣。惟食不兼味，衣不重茧，言必谛信，故人无间，言行必总，持故身无，择

① ［宋］扈仲荣、程遇孙．《成都文类》卷三十七李畋撰《重修昭觉寺记》．北京：中华书局，2011．

行深入，无碍物我，不二经云，虽说种种道，其实为佛乘。

在李畋的记述里，我们看到了一个可以让昭觉寺中兴的实干家。在他亲力亲为的耕耘下，昭觉寺焕然一新：

> 兹寺自常住，泼上三百厘，涤场敛穧，岁入千耦，并归寺廪，与众共之有舟车大贾，输流水之钱山，泽豪族舍金穴之利五铢，一缕悉归寺府，无敢私者。由是构扑斫之材，较班输之技而兴修之议。于是集矣寺之殿宇，旧且百间，今广而增者三百，建正殿塑金释迦像一躯，墨白板足之地修经藏挟唱梵之堂，四为权实转轮之所，广方丈之室传达摩心备水陆之仪，宣梁武教及罗汉六祖翊善大悲各列一堂，又分千部经为东西龛，续建纪天列宿堂一所，仍加壮丽以至安毳侣供公庖，局次有叙，厨仓、寮库、斋厅、浴室、重门挟屋启闭，以时上缝瓦以如鳞下密砖而若砥左瞻右顾，俱是道场，一起一居无非佛事。

更为重要的是，延美禅师筑版修墙，划定了寺院的所属范围，改变了僧俗混居的状态，同时还扩大了寺庙的规模。

景德初年，李畋曾有一段时间和好友张逵住昭觉寺，并“肄业于此”。在这之前的淳化三年（992），在益州知州、在其任内确认了纸币“交子”合法地位的张咏劝说下，李畋出川赴京应考中了进士。范镇《东斋记事》载：“初，蜀人虽知向学，而不乐仕宦。张公咏察其有闻于乡里者，得张及、李畋、张逵，屡召与语民间事，往往延入卧内，从容款曲，故公于民情无不察者，三人佐之也。其后，三人皆荐于朝，俱为员外郎，而蜀人自此寖多仕宦也。”《宋史·张咏传》所载大同小异：“初，蜀士知向学，而不乐仕宦。咏察郡人张及、李畋、张逵者皆有学行，为乡里所称；遂敦勉就举，而三人者悉登科。士由是知劝。”对此，阮昌龄评说：“蜀秀无闻，公荐其三，翩然凌云，企慕承化，儒风大振。”

离开昭觉寺不久，景德三年（1006）五月二十日，李畋欣然为好友黄休复撰写的《益州名画录》作序。而在这一年，四十不惑的延美则在昭觉寺出家为僧，李畋后来的忘年交、老乡范镇也恰在这一年出生。晁公武撰《郡斋读书志》载“《该闻录》十卷宋李畋”就注云：“畋，蜀人，张咏客也，与范镇尤善。”

大中祥符元年（1008），延美受敕封住持昭觉寺。那么，李畋是否见过延美本人呢？李畋说：

> 住持大德延美上人，以了觉大禅师为五代祖，阳安郡平泉人，姓杜氏，礼本寺怀进大德为出家师，依彦通律师授具足戒，性惟真实，体本虚静，开口无机化不言而鸥狎，虚怀善应施不求而谷盈禅林，果熟詹卜，弥香觉苑，地灵黄金，争布作大利益须非常人美公之谓欤？

这段话李畋指明延美是在昭觉寺跟着怀进禅师出家的，而怀进是休梦了觉的第四代法孙。从休梦了觉到第四代怀进、第五代延美，昭觉寺依然像一般禅宗寺院一样，保留着世袭制，只不过住持的人选，或许要到当朝皇帝那儿去禀报一下，敕封领住才行。延美似乎也有一个外出学佛求学的过程，但时间很短，仅出家一年后就以声名获得了敕封。所以《昭觉延美、永安德元二师传》说：“昭觉师受业处，后以道行，即补住持。”

在外地为官的李畋，接待了一个特殊的故乡来客：“今门人赐紫沙，门人逊谓布施回向叹未曾有者，典教宗尚宁可阙欤，遂持了觉禅师诰勅三通修寺行状数纸访畋请纪茂实。”延美门人的来访，勾起了李畋的感慨：

> 畋且念景德初，与今岳阳牧张都官逵，肄业于兹，倏尔岁寒，永言梦寐山阴，都讲曾栽挥麈之松，衣锦相公偶凿偷光之壁，及乎尝醍醐之味，目琉璃之色为日久矣，德我既深，固不牢让大成开群迷之眼，俾瞩乎大明象设之请也，安不动之心，俾谐乎一法言教之谓也是。故其相则尊，所以祛其幻相，其言则大由是辩其魔言，令蠢动廓然见种种性悟，兹实确归乎一揆，付诸佛子，历劫捧持非师释氏之雄者，其孰能与于斯文！

李畋在《重修昭觉寺记》中，轻轻地就着一窗月明写下了他眼中的昭觉大德“延美上人”：

> 吾见其人矣，然能为爱河之舟楫，不住中流开觉路之康庄，俾求诸道，故入其门者，如逊般若之岸，似升毗尼之室，树绕七重尘，无一点信花界之胜。果锦江之福田者，焉尚能韬

光晦迹，功成不居耳。闻赞扬，口称惭愧，是谓常住不住，所得非得者乎？

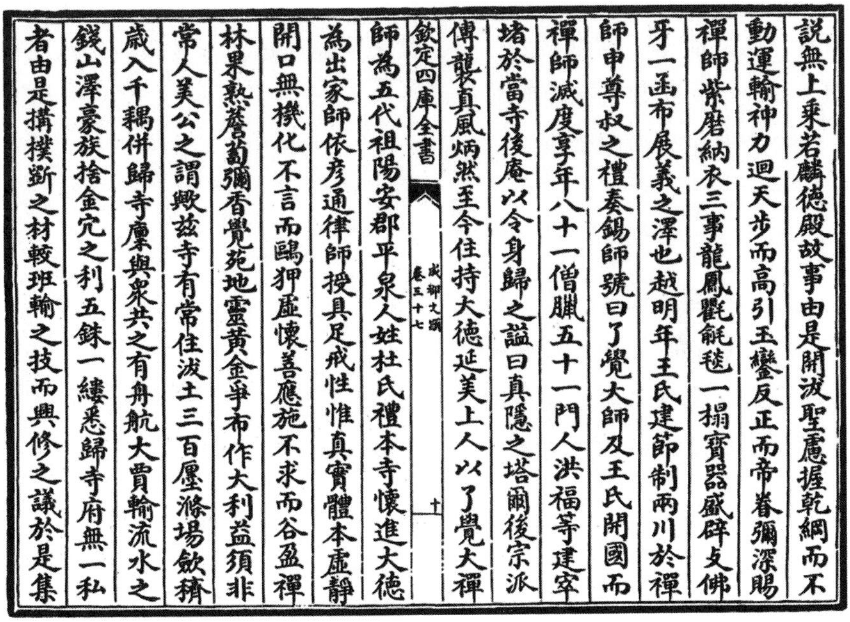
說無上乘若麟德殿故事由是開波聖慮握乾綱而不
動運輸神力迴天步而高引玉鑾反正而帝眷彌深賜
禪師紫磨納衣三事龍鳳氍毹毯一搨寶器盛辟支佛
牙一函布展義之澤也越明年王氏建節制兩川於禪
師申尊叔之禮奏錫師號曰了覺大師及王氏開國而
禪師滅度享年八十一僧臘五十一門人洪福等建窣
堵於當寺後庵以令身歸之謚曰真隱之塔爾後宗派
傳襲真風炳然至今住持大德延美上人以了覺大禪

欽定四庫全書　成都文類　卷三十七　十

師為五代祖陽安郡平泉人姓杜氏禮本寺懷進大德
為出家師依彥通律師授具足戒性惟真實體本虛靜
開口無擇化不言而喻狎歷懷善應施不求而谷盈禪
林果熟薝蔔彌香覺苑地靈黃金爭布作大利益須非
常人美公之謂歟茲寺有常住沃土三百廛滌場斂穡
歲入千耦併歸寺廩與衆共之有舟航大賈輸流水之
錢山澤豪族捨金穴之利五銖一縷悉歸寺府無一私
者由是搆撲斲之材較班輸之技而興修之議於是集

▲ 图为［南宋］扈仲荣等编《成都文类》收入《四库全书》“集部”，卷三十七载李畋《重修昭觉寺记》书影

宝元元年（1038），三十一岁的范镇举进士，而这时候，延美已经住持昭觉寺三十二年。范镇曾三入翰林，并历任集贤殿修撰，史学造诣颇深，其为人与同朝的司马光齐名，更为晚辈苏轼赞赏：“熙宁、元丰间，士大夫论天下贤者，必曰君实、景仁。其道德风流，足

以师表当世。其议论可否，足以荣辱天下”，“公清明坦夷，表里洞达，遇人以诚，恭俭慎默，口不言人过。及临大节，决大议，色和而语壮，常欲继之以死，虽在万乘前无所屈。笃于行义，奏补先族人而后子孙，乡人有不克婚葬者，辄为主之，客其家者常十余人，虽僦居陋巷，席地而坐，饮食必均”，“其文清丽简远，学者以为师法……门生满天下，贵显者不可胜数”。

今存范镇《游昭觉寺》诗二首。

之一：

炎蒸无处避，此地忽加寒。
松砌行无际，石房禅自安。
鸳鸯秋沼涨，蝙蝠晚庭宽。
登眺见田舍，衡茅半不完。

之二：

唐寺传城北，春风引客游。
残碑横竹径，疏磬出僧楼。
塔古苔花积，房深祇树幽。
漫嫌人寂寂，好与客勾留。

第一首《游昭觉寺》载于《两宋名贤小集》“范蜀公集一卷”，该卷还收有其《信相院慧灯》诗一首，信相院即今成都文殊院前身：

行乐到萧寺，像殿何煌煌？
僧年过九十，细话灯焰长。
方忆髫龀时，初离父母乡。
是时循旧迹，昼夜不暂忘。
自事膏火来，日就与月将。
始卒未尝暗，眉发皆如霜。
御风设绛纱，求福兼异香。
寒村防织女，借余坐如匡。
陋巷苦志士，凿壁偷邻光。
太息日已暮，百结忡心肠。
类此事亿万，聊书成短章。

联想到李畋有昭觉寺“衣锦相公偶凿偷光之壁，及乎尝醍醐之味，目琉璃之色为日久矣”的一段经历，范镇这里也有对好友的一番追忆。

第二首《游昭觉寺》并不见于《两宋名贤小集》“范蜀公集一卷”，但见于《重修昭觉寺志》。需要指出的是，这首遗诗根据其风骨，当确为范镇所作，或许在清初丈雪通醉编《昭觉寺志》时就有收入，但被后人引用时，多有错误，如“疏磬”常被误为“疏磐”，“祇树”常被误为“只树”或“林树”。

“疏磬”：见刘沧《秋日山寺怀友人》“萧寺楼台对夕阴，淡烟疏磬散空林”、陆龟蒙《寄怀华阳道士》“深沉谷响含疏磬，片段岚光落画屏”、李珣《女冠子》“春山夜静，愁闻洞天疏磬”、张伯玉《登乌龙山诗阁》“百虑缘心空，独饭随疏磬”、姜夔《鹧鸪天》“旌阳宅里疏疏磬，挂屐枫前草草杯”等。

“祇树”则源于佛经故事“祇树给孤独园”，为祇陀太子所置之园林讲佛法处，后借称佛寺。梁沈约《瑞石像铭》有“莫若图妙像于檀香，写遗影于祇树”之语、陈子昂《夏日晖上人房别参军崇嗣》诗序云“诣祇树而从游，众然旧款”、陈汝元《金莲记·郊遇》语“漫言祇树有缘，落得浮萍无定”、姚鼐《鹫峰寺》则有“寂寂青溪水，萧萧祇树园”之句。

嘉祐七年（1062），昭觉钟声响起，延美示寂，“世寿九十八，僧腊五十六。荼毗时，舍利如雨”。他留下的昭觉寺，规模宏大，堪称成都地区最为著名和壮观的寺院，不但建有大雄殿、唱梵堂、罗汉堂、六祖堂、翊善堂、宿堂、大悲堂、轮藏阁等殿堂，而且寺院经济也不容小觑，“供食之丰洁，法席之华焕，时一大会，朝饭千僧，累茵敷座，如升虚邑，未有一物，爰假外求”，至此该有一个人登场了。

他就是纯白绍觉。

在延美示寂二十余年，昭觉经历师范禅师、符禅师两任住持后，元丰末年，鉴于昭觉寺的声誉日隆，也具有了相当大的规模，成都知府吕大防遂奏请朝廷，提出将该寺从一般的子孙庙改为“十方丛林”，升级为国家层面的公立寺庙。从此，昭觉寺“便从专宗禅宗的一般寺院中脱颖而出，实现了体制上的升格，开堂广纳四海的僧侣，容各宗各派和合共住，并对住寺僧人实行一律平等，形成了佛教寺院中的‘大千世界’。住持人选也由世袭制改为选贤制……家风建设也由此而得到促进”[1]。

昭觉寺获准改为“十方丛林”后，知府吕大防本意是想请当时刚从黄檗山归蜀的惟胜真觉出任首任方丈，但当时的惟胜，据居顶《续传灯录》卷第十八“大鉴下第十四世黄檗惟胜禅师法嗣”所记，是因“元丰末，宗室南康郡王，自黄檗邀胜诣辇下。师侍行。未几，会太学生上书讼博士者，语连胜”而受到牵连。此案当是元丰元年（1078）十二月太学生虞蕃击登闻鼓讼学官录取不公，“凡试而中上舍者非以势得即以利进，孤寒才实者例被黜落”，神宗因此“疑程考有私，遂下蕃于开封府”，从而连绵几年牵连数百人，成为熙宁、元丰时期著名的“太学狱”。徐松《宋会要辑稿》“职官七八”记载：“元丰二年五月十七日，尚书工部侍郎、参知政事元绛罢，守本官知亳州。先是，太学生虞蕃上书讼博士受财不法，逮系诸生，词连绛子耆宁，故有是命。”不知是什么原因，作为一个僧侣，惟胜也被牵连进此案，而且触怒了皇权。也有可能他与宗室南康郡王走得太近，所以是奉旨被放归四川的，故此，对于吕大防的出山请求，唯有避之不及。不过，他举荐了其嗣法弟子，“有旨放归蜀，门人星散，独师负巾钵以从”的高徒，纯白绍觉。

成都府昭觉纯白绍觉禅师，上堂：“寒便向火，热即摇扇。饥时吃饭，困来打眠。所以赵州庭前柏，香严岭后松，栽来无别用，只要引清风。且道毕竟事作么生？甲子乙丑海中金，丙寅丁

① 李富强.《昭觉寺史话》. 成都：四川省佛教协会，2004.

卯炉中火。”

《五灯会元》里，终于第一次有了昭觉寺僧的影像，卷第十八“黄檗惟胜禅师法嗣昭觉纯白禅师”载有以上一段，丈雪通醉编《锦江禅灯》卷三“黄檗惟胜法嗣”同样载有此段，题为“成都府昭觉纯白绍觉禅师”，《重修昭觉寺志》卷二“禅灯”，只作“昭觉纯白禅师”。

《陆放翁全集》“剑南诗稿渭南文集”卷四十“塔铭八首”载有“祖山主塔铭”一篇，里面提道：“嘉州天王禅院景伦师，有二弟子，孟曰绍觉，仲曰绍祖。伦且老，叹曰：‘孰能问法南方，以大吾门者乎。’于是觉请行，曰：‘不可使师有恨。’祖请留，曰：‘老人不可以莫养也。’觉南游得法，居蕲州五祖山。而祖左右就养，先意承志，终身不去。……祖姓杨氏，字继远，世居龙游，殁以乾道四年（1168）十月某甲子，年七十五。”陆游笔下的这个绍觉，虽然从师弟绍祖示寂的时间上看略有出入，但联想到纯白最初就是在“峨眉山华严寺落发受具”，不知此绍觉和纯白绍觉是否为同一人。

“绍觉”一名最早见于《成都文类》卷二十三载杨天惠“长松长老显禅师语录序”一文，这篇文章，是杨为法安辑录《长松长老显禅师语录》而作的序言，长松长老显禅师，就是纯白的徒弟宗显正觉，杨写此文的时候，宗显正住持成都城内的保福寺：

顷岁，吾蜀佛教，惟讲席律坛之为尚，盖人自以为无等等法矣，而未始知有祖道之高。晚得真觉胜禅师，自黄檗归，阐化于成都昭觉寺。……西南缁素之士骤闻之，率多听莹，瞪瞢不入，久之，各怃然为间曰：异哉，此故吾家物也，胡历劫遗之，乃今获之！莫不失喜落涕，恨遭遇之晚。胜禅师既殁，绍禅师继之，其法犹胜禅师也。而化度之众加多焉。绍禅师既殁，显禅师继之，其法犹绍禅师也。而缘法之合加盛焉。

曹学佺撰《蜀中广记》卷九十五，以及《补续高僧传》卷八高僧传合集“长松长老显禅师语录”，均有“苏元老序云”，苏元老序几乎与杨天惠文相同，苏元老为苏澈族孙，与杨天惠为同时代人。

杨天惠，字祐甫，号回光居士，逝后冯澥私谥西州文伯，郪县（今四川三台）人，约生于1053年，卒于1123年。自幼机敏好学，熟读韩愈、欧阳修文集。元丰年间进士，曾任邛州学官、双流县丞、彭山县丞、双流县令、彰明县令。与华阳郑少微、隆州李新齐名，并称三杰。宋崇宁三年（1104）七月，因上书言事被列入“元祐朋党”而被免职，后闲居郪县而终。一生著作颇丰，《宋史·艺文志》载有《杨天惠集》六十卷、《三国人物论》三卷，可惜大多都已散佚。杨天惠一直担任地方官吏，与同为宋代的三苏、张商英、魏了翁等蜀地文人相比，文名亦不显著，因此《宋史》无传。[1]

① 李延芳、杨兴涓．《杨天惠生平考》．《安徽文学》，2016年1期．

杨天惠一文见于《成都文类》，曹学佺在《蜀中广记》中，当误把杨文做了苏文，《补续高僧传》本就参照曹文，故出错也就一模一样。值得注意的是，杨文在感叹昔年巴蜀佛教，唯讲席尚律坛，不知祖道禅宗的同时，透露了一个重要的信息："晚得真觉胜禅师，自黄檗归，阐化于成都昭觉寺"，"胜禅师既殁，绍禅师继之，其法犹胜禅师也。而化度之众加多焉。绍禅师既殁，显禅师继之，其法犹绍禅师也。而缘法之合加盛焉。"可见，惟胜真觉、纯白绍觉、宗显正觉三人都曾经以昭觉寺为坛，阐化"祖道之高"。

在法流传承上，纯白绍觉属于禅宗临济宗黄龙派系，为禅宗南岳下第十三世。与同时代嗣法于东林常总的苏轼、嗣法于上蓝景福的苏辙有着同宗同代的法缘关系。而其法嗣宗显正觉，在后来的成都地区佛教发展史上，起到了至为重要的作用。

丈雪通醉《锦江禅灯》卷四载有"昭觉纯白法嗣·成都府信相宗显正觉禅师"小传一篇：

> 潼川王氏子，少为进士有声。尝昼掬溪水为戏，至夜思之，遂见水泠然盈室，欲汲之不可，而尘境自空。曰"吾世网裂矣"。往依昭觉，得度。具满分戒，后随众咨参。觉一日问师："高高峰顶立，深深海底行。汝作么生会？"师于言下顿悟曰："钉杀脚跟也。"觉拈起拂子曰："者个又作么生？"师一笑而出。服勤七祀，南游至京师，历淮浙。晚见五祖演和尚于海会，出问："未知关捩子，谁过赵州桥。赵州桥即不问，如何是关捩子？"祖曰："汝且在门外立。"师进步一，踏而退。祖曰：

“许多时茶饭。元来也有人知滋味。”明日入室，祖曰：“你便是昨日问话底僧否？我固知你见处，只是未过得白云关在。”师珍重便出，时圆悟为侍者。师以白云关意扣之。悟曰：“你但直下会取。”师笑曰：“我不是不会，只是未谙：待见者老汉，共伊理会一上。”明日，祖往舒城。师与悟继往。适会于兴化。祖问师：“记得曾在郡里相见来。”师曰：“全火只候。”祖顾悟曰：“者汉饶舌。”自是机缘相契。游庐阜回。师以“高高峰顶立，深深海底行”所得之语告五祖。祖曰：“吾尝以此事诘先师。先师云，我曾问远和尚。远曰：猫有歃血之功，虎有起尸之德，非素达本源，不能到也。”师给侍之久，祖钟爱之。后辞西归。为小参。复以颂送曰：“离乡四十余年，一时忘却蜀语。禅人回到成都，切须记取鲁语。”

宗显学成归来后，依然服侍在纯白绍觉座下。那时候，纯白身体还很好，“时觉尚无恙，师再侍之，名声蔼着，遂出住长松，迁保福、信相”。宗显不但在五祖法演座下时，和圆悟克勤同侍，并临走得到了法演语重心长地以偈相嘱：“离乡四十余年，一时忘却蜀语。禅人回到成都，切须记取鲁语。”而在纯白五十九岁示寂时，还跪伏在师父面前，接受了其的颂付“风高月冷，水远天长。出门无影，四面八方”。因为声名远播，他出住长松寺，并领住成都的保福寺、信相寺。信相寺，城内保福寺和城外的昭觉寺则成为陆游在成都春来无事日访正法的地方。姜如晦《金绳禅院增广常住田记》就云：“成都诸刹，以昭觉、正法为大，保福、信相等次之。”

> 北宋时在成都大肆传播南禅，黄龙派法系的真觉惟胜、昭觉纯白、信相宗显三代师徒出力尤多。……幸有三代师徒不懈努力，在昭觉寺、长松寺、保福寺连续推广南禅黄龙宗风，使得南禅信徒较前增加，南禅学说局部流行。①

纯白不孚众望，领住昭觉寺，即依照南方禅宗制度进行了改革，“开法，遵南方规范，一洗律居之弊”。这是四川禅宗史上一件大事，标志着南方禅宗的组织制度进入四川寺庙，改变了以前寺庙的性质，彰显了禅宗的独立品格与风貌，让川内僧俗见识了不同于以往的禅宗风格与手段。②

故此，王大伟在《论圆悟克勤与宋代昭觉寺的国家寺院地位》③一文中指出：

> 革律为禅是宋代佛教的一大特征，昭觉寺在革律为禅过程中也处于较为领先的地位。《续传灯录》卷十八记有昭觉纯白禅师：“会成都府帅奏改昭觉为十方，问真觉谁可住持？真觉以师（纯白）应请，师既领院，遵南方规范一变律居。”此事件既标志着成都地区出现了革律为禅的大寺院，同时也表示百丈所创的

---

① 向世山.《“巴蜀禅系”是个伪命题——就巴蜀禅宗流播及特点与诸时贤商榷》.《社会科学研究》，2011年6期.

② 同上.

③ 王大伟.《论圆悟克勤与宋代昭觉寺的国家寺院地位》.《中华文化论坛》，2011年1期.

丛林清规式的管理方式进入了四川。但对昭觉寺更大的影响恐怕还是将寺庙改为十方后，使得此寺在宋代逐渐被关注，并最终成为国家寺院之一。

王大伟认为，《续传灯录》之所以称纯白“于昭觉为第一代”，并不仅因他是革律为禅后的昭觉寺第一位住持，而是他代表着昭觉寺在宋代辉煌期的开始。“昭觉寺自唐代起至现代，一直是成都乃至西南地区的重要寺院，它作为成都城外最重要的寺院之一，在成都城市中也具有独特的地位。”

圆悟克勤与《碧岩录》

宣和六年（1124）十二月中旬，一位僧人在汴京（今河南开封）的天宁万寿寺，给自己心爱的徒弟虎丘绍隆写了一封充满谆谆教诲又似舐犊情深的信。后来，这封信和另一封信一起辗转流落到了日本，这封信的上半截现在保存在东京博物馆，由松平直亮氏捐赠，而另一封信则由畠山一清流传下来，为日本京都相国寺收藏。今天，这位老师写给徒弟虎丘绍隆的两封书信，都被日本奉为国宝，也是昭觉寺一代高僧大德圆悟克勤留下的墨宝真迹。

宣和六年的这封信，被史学界称为圆悟克勤应学生虎丘绍隆的恳请，开给其的毕业证“印可状”，该信收录于《圆悟佛果禅师语录》第十四卷。在信里，当时的佛果克勤说：

> 有祖已来，唯务单传直指，不喜带水拖泥打露布、列窠窟钝置人。盖释迦老子，三百余会对机设教，立世垂范太段周遮，是故最后径截省要，接最上机。虽自迦叶二十八世，少示机关，多显理致。至于付受之际，靡不直面提持。如倒刹竿、钵水投针、示圆光相、执赤旛、把明鉴、说如铁橛子、传法偈。达摩破六宗，予外道立义。天下太平，翻转我天尔狗。皆神机迅捷，非拟议思量所测。洎到梁游魏，尤复显言“教外别行，单传心印”，六代传衣所指显著。逮曹溪大鉴详示说通、宗通，历涉既久，具

正眼大解脱宗师。变革通涂，俾不滞名相，不堕理性言说，放出活卓卓地，脱洒自由，妙机遂见，行棒行喝，以言遣言，以机夺机，以毒攻毒，以用破用，所以流传七百来年。枝分派别各擅家风，浩浩轰轰莫知纪极。然鞠其归著，无出“直指人心”。心地既明无丝毫隔碍，脱去胜负、彼我、是非、知见、解会，透到大休大歇安稳之场，岂有二致哉？所谓“百川异流、同归于海”，要须是个向上根器，具高识远见。有绍隆佛祖志气，然后能深入阃奥，彻底信得及，直下把得住。始可印证，堪为种草，舍此，切宜宝秘慎词，勿作容易放行也。

……

摩竭陀国亲行此令，少林面壁全提正宗，而时流错认，遂尚泯默，以为无缝罅、无摸索、壁立万仞。殊不知本分事，恣情识抟量，便为高见，此大病也。从上来事，本不如是。岩头云：只露目前些子个，如击石火闪电光，若明不得，不用疑着，此是向上人行履处。除非知有莫能知之。赵州吃茶去，秘魔岩擎叉，雪峰辊球，禾山打鼓，俱胝一指，归宗拽石，玄沙未彻，德山棒临济喝，并是透顶透底。直截剪断葛藤，大机大用，千差万别会归一源，可以与人解粘去缚。若随语作解，即须与本分草料。譬如七斛驴乳，只以一滴师子乳滴之，悉皆迸散。要脚跟下传持相继绵远，直须不徇人情，勿使容易，乃端的也。“末后一句，始到牢关”，诚哉是言。透脱死生提持正印，全是此个时节。唯踏着上头关捩子者，便谙悉也。

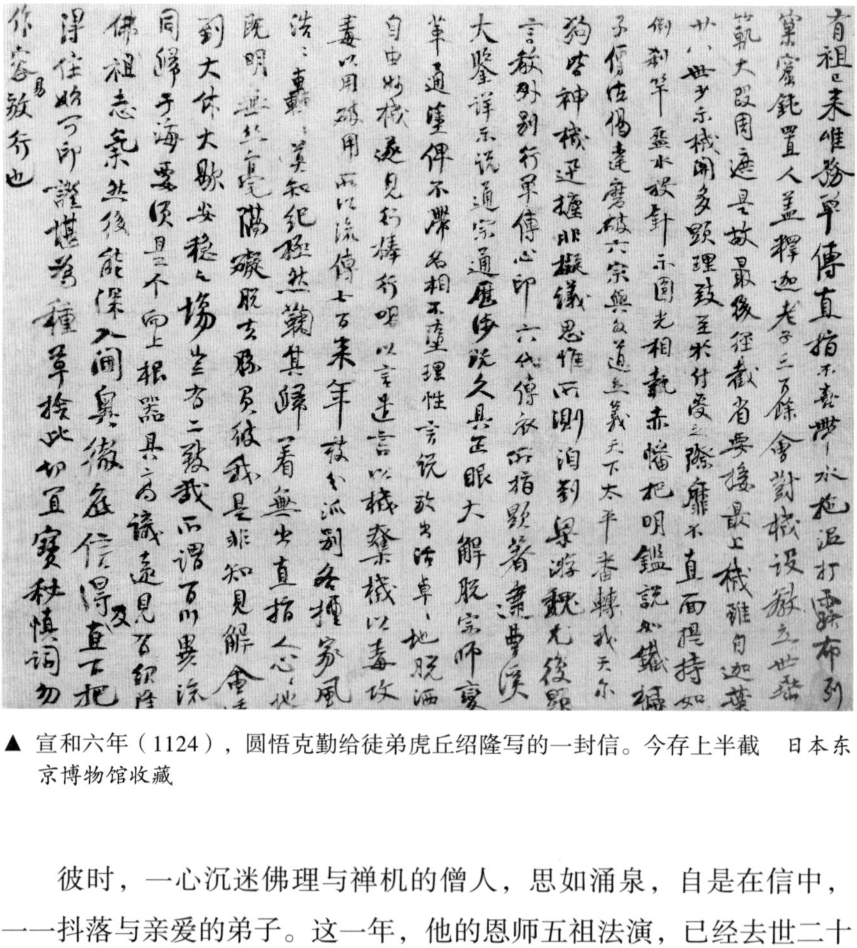

▲ 宣和六年（1124），圆悟克勤给徒弟虎丘绍隆写的一封信。今存上半截　日本东京博物馆收藏

彼时，一心沉迷佛理与禅机的僧人，思如涌泉，自是在信中，一一抖落与亲爱的弟子。这一年，他的恩师五祖法演，已经去世二十年，他在信中，不免忆起了自己师父的各种生前之语：

五祖老师，平生孤峻，少许可人。干曝曝地壁立，只靠此一着。常自云：如倚一座须弥山，岂可落虚弄滑头谩人，把个没滋味铁酸餡劈头拈似学者令咬嚼，须待渠桶底子脱，丧却如许恶知恶见，胸次不挂丝毫，透得净尽，始可下手锻炼，方禁得拳踢。然后示以金刚王宝剑，度其果能践履负荷，净然无一事。山是山水是水，更应转向那边，千圣笼罗不住处，便契乃祖已来所证传持正法眼藏。及至应用为物，仍当驱耕夫牛夺饥人食，证验得十成无渗漏。即是本家道流也。

最后，六十一岁的僧人克勤写下：

隆公知藏，湖湘投机，还往北山十余年，真探赜精通本色衲子，遂举分席训徒已三载。予被睿旨，移都下天宁。欲得法语以表道契，因为出此数段。

宣和六年十二月中 佛果老僧书

这一年四月，徽宗皇上召见了克勤，并降诏其住持开封天宁万寿寺。此时，正值金国在北方迅速兴起，翌年即灭居辽国，紧接着就分兵两路南下攻宋。靖康元年（1126）春，金兵铁骑攻至开封城下，在宋廷同意割地赔款后退兵，然而年底又挥师南下，攻破开封城。在这两三年间，僧人佛果住持开封天宁寺，其语录中，没有记载他面临的家国因战争而破碎飘零。他曾经在天宁寺开堂仪式上拈香“恭为今上皇帝，祝严圣寿万岁万万岁，伏愿圣明逾日月，睿算等乾坤，空芥城而有余，拂劫石而弥固”，然后拈香祝皇室、朝廷百官“高扶圣日，永佐尧明，寿算等松椿，福禄齐江海”，最后拈香报五祖法演的“法乳之恩”。“一时王公贵人、道德才智、文学之士，日造其室，而车辙满门，虽毗耶城听法，殆不能过也。”[①]《圆悟佛果禅师语录》卷五、卷六就记载，有乔贵妃、王贵妃、大内庆国夫人、郓国大王、莘王、济王、李典御、郑太师、知省太尉等人请其上堂说法，或为之大设斋会。然而，不管发下怎样的宏愿，徒具只手的高僧佛果也无法更改北宋的宿命。

对于宋徽宗，克勤当是有感激之情的。早在崇宁[②]年间，克勤自湖北黄梅五祖山法演禅师那里回川省亲的时候，受成都府帅郭知章迎请，第一次入主昭觉寺法席，宋徽宗就专敕其开堂：

> 帀地普天，皆承恩力。九州四海，悉禀威灵。百千法门之外殊特法门，无量妙意之中真实妙意，克勤禅师者，鸡园上品，鹿苑名家。早空六妙之门，元惭饶舌。接引四流之岸，竟许安心。飞锡所至，法雨咸沾。布金而来，愿云共领。特启祇园世界，广引方袍，宏开觉路津梁，都成圆具。铃铃振策，允为万德之师，凛凛戒规，直入三摩之地。于戏！道生说法，石亦点头，罗什谈禅，岩俱撒手。普济僧人行脚，象负以游，定

① 见［宋］孙觌《鸿庆居士文集·圆悟禅师传》。

② 宋徽宗共用过六个年号：建中靖国（1101）、崇宁（1102—1106）、大观（1107—1110）、政和（1111—1118）、重和（1118—1119）、宣和（1119—1125）。崇宁是宋徽宗赵佶的第二个年号，取继承宋神宗常法熙宁之意，共五年。宣和（1119—1125）是宋徽宗的最后一个年号。北宋使用宣和年号一共七年，宣和七年十二月，宋钦宗即位沿用。

> 傒菩萨低眉，鸠分而食。遍洒酸甜，同登欢喜。[①]

政和中，克勤移住潭州长沙道林寺，但旋即奉旨住持金陵蒋山（钟山），徽宗赐以佛果禅师之号。学生虎丘绍隆即在克勤住持长沙道林寺时，侍从佛果克勤受教。所以，克勤在给其的两封书信中，才分别有“湖湘投机”“政和中，相从于湘西道林，胶漆相投，箭锋相拄，由是深器之”之语。

1127年，在汴京城池陷落之际，携弟子大慧宗杲一众逃难至高邮（在今江苏）乾明寺的佛果克勤，唯有远望金人掳走徽宗、钦宗及众多妇孺一路北去：

> 1127年5月13日，一阵大风吹过开封城，风大得足以移石断树。徽宗皇帝和钦宗皇帝在3000多人的伴随下，鱼贯通过城南的南熏门，离开了开封，他们被金人一路押解北行。后妃们被押送着从北门离开京城。成千上万的画家、工匠、手工艺人、乐师和优伶——可能有1.5万人——也被押送往金人的东北本土。……在途经内蒙古和满洲的长途跋涉结束后，两位皇帝于1130年夏天到达黑龙江北部边境附近的五国城。金国统治者乐于羞辱他的俘虏，让他们在阿骨打陵墓的石碑前跪拜，并把徽宗封为“昏德

① 喻谦辑《新续高僧传四集》。喻谦（?—1932），湖南衡阳人，为清末学者王闿运弟子。民国八年（1919），应北京法源寺方丈道阶聘编此书。历时五年撰成。作者严谨认真，所引资料多达六十余种，主要有灯录、传记、寺志、文集以及宋、辽、金、元诸史书，使该书具有很高的史料价值。

公”，钦宗封为“重昏侯”。钦宗的皇后投水自尽。1.1万名上层家族的女性一年后到达上京，她们中的大多数在军营中遭到了玷污或被卖为奴。这些女人在远离家乡的北国了此余生，再也没有回到过中原……[①]

对于当朝皇帝宋徽宗的昏庸无能，当时的克勤不会没有耳闻。其在位二十五年，宠信蔡京、王黼、童贯、梁师成、朱勔、李彦“六贼”；又自称“道君皇帝”，沉迷道士讲道，疏于朝纲治国，加上方腊、宋江的农民起义，内忧外患，这才有了摧毁宋人自信与优雅图画的事件——“靖康之耻”。

建炎元年（1127），经宰相李纲奏请，克勤住持金山（今江苏镇江）龙游寺。其《圆悟佛果禅师语录》卷六记载，在升座拈香，为当时的皇帝赵构祝寿时，他说：“夺少康复禹迹之功，成宣光汉室之业，万邦尽圣化，八表偃干戈。”这一年十一月，皇帝召见他，问“西竺道要”。其答：“陛下以孝心理天下，西竺法以一心统万殊。真俗虽异，一心初无间然。”皇帝赐以“圆悟禅师”之号。他借机提出希望移住云居山真如寺（今江西省永修县），得到允准。《圆悟佛果禅师语录》卷七，有载其在云居山真如寺举行开堂升座仪式中，为皇帝拈香祝寿的祝词，“奋宣光之中兴，复大禹之旧迹”，并祝文武百官，“乃忠乃孝，为国为民，为圣主之股肱，作明时之柱石”。

建炎三年（1129），圆悟克勤辞云居归蜀，学者欲俱西行。他婉

① ［德］迪特·库恩．《儒家统治的时代：宋的转型》．李文锋译．见《哈佛中国史》第四卷．［加］卜正民主编．北京：中信出版集团，2016．

言谢绝说："时危峡险，诸居所负济北元气，岂可轻身试险，果佛日见地，明白与我无异，有未至宜决焉。"第二年，当时刚从陕西制置使调任成都知府的王似，请他再次出马住持昭觉寺。于是，复出川南游二十载后，克勤再次回来"复领昭觉"。

> 彭州骆氏子，世宗儒。师儿时日记千言，偶游妙寂寺，见佛书，三复怅然，如获旧物。曰："予殆过去沙门也。"即去家。依自省祝发，从文照通讲说。又从敏行授《楞严》。俄得病，濒死。叹曰："诸佛涅槃正路不在文句中，吾欲以声求色见，宜其无以死也。"遂弃去。至真觉胜禅师之席，胜方创臂出血，指示师曰，此曹溪一滴也。师矍然，良久曰："道固如是乎。"即徒步出蜀。首谒玉泉皓，次依金銮信、大沩喆、黄龙心、东林度、佥指为法器。而晦堂称他日临济一派属子矣。最后见五祖。尽其机用，祖皆不诺。乃谓祖强移换人，出不逊语，忿然而去。祖曰："待你着一顿热病打时，方思量我在。"师到金山，染伤寒困极，以平日见处试之，无得力者，追绎五祖之言，乃自誓曰："我病稍间，即归五祖。"病痊寻归，祖一见而喜。令即参堂，便入侍者寮。
>
> 方半月，会部使者解印还蜀。诣祖问道。祖曰："提刑少年，曾读小艳诗否。有两句颇相近：'频呼小玉元无事，只要檀郎认得声。'"提刑应喏喏。祖曰："且子细。"师适归侍立次。问曰："闻和尚举小艳诗，提刑会否？"祖曰："他只认得声。"师曰："只要檀郎认得声，他既认得声。为甚么却不

是？”祖曰：“如何是祖师西来意，庭前柏树子。”师忽有省，遽出，见鸡飞上栏干，鼓翅而鸣。复自谓曰：“此岂不是声。”遂袖香入室，通所得，呈偈曰：“金鸭香销锦绣帏，笙歌丛里醉扶归。少年一段风流事，只许佳人独自知。”祖曰：“佛祖大事，非小根劣器所能造诣。吾助汝喜。”祖遍谓山中耆旧曰：“我侍者参得禅也。”由此，所至推为上首。①

《补续高僧传》卷九“习禅篇·佛果勤传”记载，与上述所载文字大同小异，但有“师生犀颅月面，骨相不凡。从师受书，日记千余言”之语，让人不由想象，一代高僧的面容，心生向往之。现在看来，克勤能够成为一代大德，除了老师的偏爱，的确和其天资聪慧有关。“初听讲成都，范蜀公作诗劝令行脚。有云：‘成都况是繁华国，打住只因花酒惑。’遂出蜀。”范镇的这首《范蜀公送圆悟禅师行脚》，《四库全书·两宋名贤小集》卷三十九“范蜀公集”未见记载，其全文见于《缁门警训》卷第七：

观水莫观污池水，污池之水鱼鳖卑。登山莫登迤逦山，迤逦之山草木稀。观水须观沧溟广，登山须登泰山上。所得不浅所见高，工夫用尽非徒劳。南方幸有选佛地，好向其中穷妙旨。他年成器整颓纲，不负男儿出家志。大丈夫休拟议，岂为虚名灭身计。百年随分觉无多，莫被光阴暗添岁。成都况是繁华国，打住

① 《五灯会元》卷第十九，“南岳下十四世五祖演禅师法嗣”之“成都府昭觉寺克勤佛果禅师”条。

只因花酒惑。吾师幸是出家儿，肯随龌龊同埋没。吾师幸有虹霓志，何事踌躇溺泥水。岂不见吞舟之鱼不隐卑流，合抱之木不生丹丘。大鹏一展九万里，岂同春岸飞沙鸥。何如急驾千里骥，莫学鹪鹩恋一枝。直饶讲得千经论，也落禅家第二机。白云长是恋高台，莫罩朝笼不暂开。为慰苍生霖雨望，等闲依旧出山来。又不见，荆山有玉名璠瑶，良工未遇居蓬蒿。当时若不离荆楚，争得连城价倍高。

这段史料，最早见于宋理宗、度宗时人蜀僧绍昙的记载。彼时，蜀人宴游之风盛行，而范镇深知，蜀人的毛病所在，“好音乐，少愁苦，尚奢靡，性轻扬，喜虚称。庠塾聚学者众，然怀土罕趋仕进”（《宋史·地理志》）。不出川，又岂能成龙？在德高望重的范蜀公的苦口劝说下，克勤毅然出川，并几经阵痛与磨难，终成大德。在克勤的一生里，像范镇、真觉惟胜、五祖法演这样的师长，一步步使他懂得师徒之间的那份难能可贵的情谊。这就不难理解，他在给徒弟绍隆书信中的那种如父如师的口吻。

“三佛在五祖时，尝于一亭上夜话，归方丈，灯已灭。五祖乃于暗中曰：各人下转语。佛鉴对曰：彩凤舞丹霄。佛眼曰：铁蛇横古路。佛果云：看脚下。五祖云：灭吾宗者，乃克勤尔。”这个由徒弟大慧宗杲讲述的关于师父的故事，见于《宗门武库》。绍昙《五家正宗赞》同样有所记载：“师一日同勤，远侍东山。夜坐欲归，月黑，山令各下一转语。勤曰：彩凤舞丹霄。远曰：铁蛇横古路。师曰：看脚下。山曰：灭吾宗者，克勤耳。”

那时候，“三佛”都是怎样的三位青年？

一天晚上，被后世称为“三佛”的克勤、慧勤、清远三位弟子，陪同师父五祖法演在山亭上说话。到了该回去的时候，灯油烧完了。随时不忘了考察他们的师父在黑暗中说：“你们三人各自就此情形说一转语，让我看看你们的理解如何？”慧勤说：“现在好比五彩的凤凰，在青天上翱翔。”清远说：“这时好像一条铁石般的巨蟒，横在古道之上。”克勤说：“看脚下就是了。”一个缥缈于云端，一个拘泥于古道，一个回到当下的自身。师父五祖法演听了，激动地说：“能够光大我们禅宗法门的人，是克勤啊。”

因为母亲的召唤，刚过不惑之年的克勤，第一次回到了四川成都。“诸老相谓曰：道西行矣。时同门佛鉴、慧勤，亦知名众，遂目师为川勤别之”（《补续高僧传》），“崇宁中还里省亲，四众迓拜。成都帅翰林郭公知章请开法六祖，更昭觉”（《五灯会元》）。

在克勤第一次住持昭觉寺之前，曾经被后任者更名六祖寺。克勤住持昭觉，似乎做的第一件事，就是重新把名字改了回来。昭觉寺在这期间，“不仅寺院的管理方式有重大改变，寺名也经历‘崇宁’‘天宁’‘报恩光孝’等演化。使得昭觉寺逐步走入国家大寺的行列，从而促使昭觉寺在宋代的发展到达顶峰”[①]。

“癸巳，（宋徽宗）令天下郡皆建崇宁寺。”[②]《释氏稽古略》卷四，则记载了崇宁寺的演化过程：“诏天下军州创‘崇宁寺’，

---

① 王大伟．《论圆悟克勤与宋代昭觉寺的国家寺院地位》．《中华文化论坛》，2011年1期．

② ［清］毕沅．《续资治通鉴·宋纪八十八篇》．北京：大众文艺出版社，1998．

又改额曰‘天宁寺’。至高宗改‘报恩光孝寺’，追崇严荐。”《宋会要辑稿》道释卷一载：“崇宁二年十月九日，诏：‘崇宁寺观，并依十方住持，其披剃并紫衣，自崇宁二年天宁节为始。’”借此，作为十方丛林的昭觉寺，在宋徽宗亲自敕住持克勤开堂下，从“崇宁”“天宁”“报恩光孝”，一步步通过克勤的两次住持，并因其“度弟子五百人，嗣法得眼领袖诸方者百余人，方据大丛林，领众说法，为后学标表，可谓盛矣”[①]，确立了其禅宗临济宗祖庭的崇高地位。

克勤第一次住持昭觉寺，于“政和间谢事，复出峡南游”，《补续高僧传》则说其，“更昭觉凡八年”。大约八年后，克勤再一次出川南游。当时，声名显赫的张商英[②]寓居湖北荆南，“以道学自居，少见推许。师舣舟谒之，剧谈华严旨要”。经过辩论与畅谈，张商英为其折服，“于是以师礼，留居碧岩”。在张商英的挽留和帮助下，克勤留在了湖南澧州夹山灵泉院。在这里，他完成了禅宗史上的“宗门第一书”《碧岩录》。

《碧岩录》是克勤依据川籍的另一位高僧、禅宗青原下九世云门宗雪窦重显的《颂古百则》加以评唱，又经过其随听弟子记录整理，在其生前就已结集出版。弟子关友无党在撰于宣和乙巳年的《碧岩录

① ［宋］孙觌.《鸿庆居士文集·圆悟禅师传》. 清乾隆刊本.

② 张商英（1044—1122），北宋蜀州（四川崇庆）新津人，《蜀梼杌》作者张唐英之兄，字天觉，号无尽居士。宋英宗治平年间进士。神宗时，受王安石举荐，入朝做官。大观年间，担任尚书右仆射。绍圣初年，受召任职左司谏，后因上书评论司马光、吕公着而被降职，后被安置于衡州。《宋史·卷三百五十一·列传第一百一十》有传。今新津观音寺为其故居。

后序》中云："圆悟老师在成都时，予与诸人请益其说，师后住夹山道林，复为学徒扣之。凡三提宗纲，语虽不同，其旨一也。门人掇而录之，既二十年矣，师未尝过而问焉。"弟子普照在撰于建炎戊申年的前序中也说："普照幸亲师席，得闻未闻，道友集成简编，鄙拙叙其本末。"可见，《碧岩录》是自崇宁年间克勤住持成都昭觉寺时至政和年间住持夹山灵泉院及湘西道林寺的十数年中，为门人所开示的《颂古百则》的讲义。至于书名，因其所居夹山灵泉院由善会禅师所创，《景德传灯录》卷一五载"澧州夹山善会禅师"有言："问：如何是夹山境？师曰：猿抱子归青嶂里，鸟衔花落碧岩前。"夹山因此别名"碧岩"，书名亦当源于此。

对于自己的学问，晚年的圆悟克勤讲："老僧生平久历丛席，遍参知识，好穷究诸宗派，虽不十成洞贯，然十得八九。"而对于南禅的"不立文字"，他也不是很以为然，"既不立文字语言，如何明得？所以道，路逢达道人，不将语默对"。

公元七九二年至七九四年间，汉地僧人与印度僧人在吐蕃桑耶寺发生了一次非常具有影响力的辩论。其辩论的主题，即是在宁玛派与禅宗之间就顿悟与渐悟的问题，引申出"不立文字"和"不离文字"，及由此所蕴含的佛之"言"与佛之"意"之间关系等重大事项的辩驳论证。法国学者保罗·戴密微（Paul Demiéville）所著《吐蕃僧诤论》收集了敦煌汉藏两方面的资料，饶宗颐先生注释了当时辩论的原始记录《顿悟大乘正理抉》。这场争辩是在南禅代表摩诃衍那与桑耶寺印度僧人之间展开，以顿悟与渐悟为争论主题，其中涉及文字对佛意表达的作用问题，形成了在“悟”境及“悟”之过程中文字的“立”与“离”的两种观点。[①]

从文化史上说，北宋的灭亡是中国文化史上的一个重要转折点。《碧岩录》被誉为“宗门第一书”，就是指担当这个“文化转折”的使命而言。张耀南认为，《碧岩录》是“茶禅一味”“诗禅一味”“字禅一味”“教禅一味”“禅禅一味”及“儒禅一味”的源头。圆悟克勤最终完成了从平民禅向文人禅、从农禅向儒禅的转变。以南禅为代表的禅宗风格“不立文字”的特色消失了，师徒间的棒喝与拳打脚踢不见了，避世求生转变为入世求主，对现实道德与现实政治的远离转变为接受与纠缠，锄头换成了笔，种田吃饭、田园劳作变成为吟诗作赋、讲究修饰。[②]

然而，《碧岩录》却很快遭弟子大慧宗杲的痛心毁版。《禅林宝训》中，记载了一封心闻昙贲禅师给张子韶的信：“教外别传之道，至简至要，初无他说，前辈行之不疑，守之不易。天禧间雪窦以辩博之才，美意变弄求新琢巧，继汾阳为颂古，笼络当世学者，宗风由此一变矣。逮宣政间，圆悟又出己意离之为《碧岩集》。彼时迈古淳全之士，如宁道者死心灵源佛鉴诸老，皆莫能回其说。于是新进后生珍重其语，朝诵暮习谓之至学，莫有悟其非者，痛哉。学者之心术

① 金易明．《鸟衔华落碧岩前——〈碧岩录〉作者圆悟克勤禅师佛学诠释学实践探微》．上海佛学院．

② 张耀南．《论夹山〈碧岩录〉在中国文化史上之地位》．《石门文史》，2003年．

坏矣。绍兴初，佛日入闽见学者牵之不返，日驰月骛浸渍成弊，即碎其板、辟其说，以至袪迷援溺剔繁拨剧摧邪显正，特然而振之。衲子稍知其非而不复慕。然非佛日高明远见乘悲愿力救末法之弊，则丛林大有可畏者矣。”希陵在《碧岩录后序》中，也曾提及宗杲毁版的直接原因：“后大慧禅师因学人入室，下语颇异，疑之，才勘而邪锋自挫，再鞠而纳款自降，曰：‘我《碧岩集》中记来，实非有悟。’因虑其后不明根本，专尚语言以图口捷，由是火之，以救斯弊也。”毁师之版，让徒弟宗杲几乎被世人看作了对师父克勤的不恭甚或背叛。然而，宗杲焚毁《碧岩录》，却并非一时的意气用事，而是他本人执着禅学观念的一种表达，就像昔年五祖对他的师父所说的那样：“灭吾宗者，乃克勤尔。”

大约绍兴六年（1136），住泉州云门庵的宗杲，闻听师父克勤在蜀中示寂的消息，“为圆悟和尚举哀拈香。指真云：这老和尚，一生多口搅扰丛林，近闻已在蜀中迁化了也，且喜天下太平。云门昔年虽曾亲近，要且不闻他说着个元字脚，所以今日作一分供养，点一盏茶，烧此一炷香，熏他鼻孔，即非报德酬恩，只要辱他则个。召大众，云既不闻他说个元字脚，又无恩德可报。何故特地作这一场笑具。还委悉么？冤有头债有主，偶因失脚倒地，至今怨入骨髓。遂烧香！”这是《大慧普觉禅师语录》的一个版本，《五灯会元》卷十九“南岳下十五世上·昭觉勤禅师法嗣·径山宗杲禅师”则记载着另外的一个版本：

圆悟禅师忌，师拈香曰：“这个尊慈，平昔强项，气压诸方，逞过头底颟顸，用格外底侘侗。自言我以木槵子换天下人眼睛，殊不知被不孝之子将断贯索穿却鼻孔。索头既在径山手里，要教伊生也由径山，要教伊死也由径山。且道以何为验？”遂烧香曰：“以此为验。”①

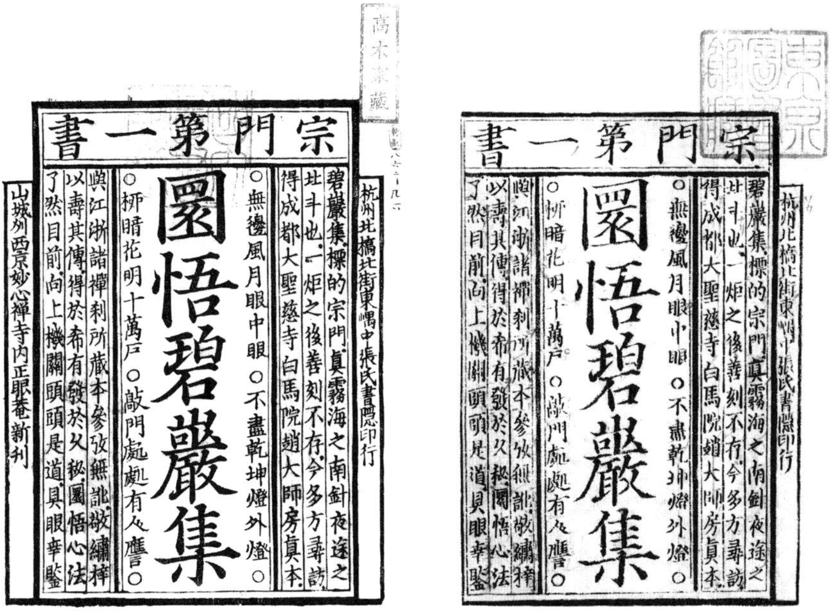

▲ 图为日本国立图书馆和东京图书馆分别收藏的《圆悟碧岩集》的两个版本，分别为妙心禅寺刊本和瑞龙禅寺刊本

① 《大慧普觉禅师语录》卷二十四. 北京：东方出版社，2018.

其实，宗杲对于自己的这个毁版之举，似乎是有他的出发点的，对于当时的流弊，他说道：“近世学语之流，多争锋逞口快，以胡说乱道为纵横，胡喝乱喝为宗旨。一挨一拶，如击石火，似闪电光，拟议不来，呵呵大笑，谓之机锋俊快，不落意根。殊不知正是业识弄鬼眼睛，岂非谩人自谩、误他自误耶！”

然而，就像莲花，依然要在今天昭觉山后的白莲池中，一朵朵一年年地盛开一样。大德四年（1300），嵎中张炜着手对《碧岩录》重新雕版，大概至延祐四年（1317），完成了新刻。今天，我们翻开《碧岩录》十卷，一一读去，又仿佛重新回到崇宁年间，昭觉寺的一个晨光熹微的上午，克勤禅师正在为我们上堂。

上堂。有句无句，超宗越格。如藤倚树，银山铁壁。及至树倒藤枯，多少人失却鼻孔？直饶收拾得来，已是千里万里。只如未有恁么消息时如何，还透得么？风暖鸟声碎，日高华影重。

今天，昭觉寺的禅茶，已经是青龙场人习以为常的光景。一大早走到昭觉寺，在晨光与雀鸟的啁啾声中，吃一口禅茶，就这样，风里来雨里去，仿佛就过眼了人生与烟云。

汉学家柯嘉豪在《佛教对中国物质文化的影响》一书中，曾论断：“有唐一代，诗人和僧人是茶的两类忠实拥护者。《全唐诗》中有上百首提到茶的诗作，其中不少和僧人有关。”[①]事实上，《茶

① ［美］柯嘉豪．《佛教对中国物质文化的影响》．赵悠、陈瑞峰等译．上海：中西书局，2015.

经》的作者陆羽本人也是由僧人竟陵龙盖寺住持僧智积禅师抚养成人，并且和诗人、茶僧皎然成了忘年交。

圆悟克勤的确讲了一些关于茶的句子，如《碧岩录》卷第三的公案“赵州‘吃茶去’”，卷第八的“但随时自在，遇茶吃茶，遇饭吃饭”。《圆悟佛果禅师语录》有“脱却情尘意想，放教身心，空劳劳地于一切时遇茶吃茶、遇饭吃饭”，“遇饭吃饭，不知是饭；遇茶吃茶，不知是茶”，“遇饭吃饭，遇茶吃茶，终日只守闲闲地，盖他胸中无许多波吒计校。所以道，心若无事，万法一如，无得无失，终日只履践此一片田地。凡有来问，只将此事截断。所以道，见须实见，悟须实悟”。

但今人一直有圆悟克勤遗有一件“茶禅一味”墨宝于日本大德寺之说，并与一休和尚有关。然而，据陈香白考证，其实这种说法完全是空穴来风，以讹传讹。“我去大德寺。……我坐火车干线非常快到了那儿，通过翻译问当地的住持，是不是有高僧写过‘茶禅一味’？能不能让我观赏一下？他蒙了，说我在这里当住持，从来没有听过这件事，也没见过‘茶禅一味’的书法。”①

“茶禅一味”书法虽是子虚乌有，但日本存有克勤写给绍隆的两封书信真迹，倒是不争的事实。

建炎二年（1128）二月十二日，将赴南康军建昌县（今江西省永修县）云居真如寺住山的圆悟克勤，再次给前来金陵看望他的弟子绍

① 陈香白.《“茶禅一味”真迹是日本大德寺镇寺之宝？假的》，中华网“世界观”自媒体平台。另陈香白、陈再粦《“茶禅一味”考释》（《广东茶叶》，2004年4期）同样提及。

隆写了一封信。这封信，后来为日本京都相国寺收藏，1985年该寺曾请教佛学者林子青予以鉴定。全文也见于《佛果克勤禅师心要》卷一“示开圣隆长老”，然而与书信真迹略有出入：

> 开圣堂头隆禅师，政和中，相从于湘西道林，胶漆相投，箭锋相拄，由是深器之。既而复相聚于钟阜，大炉鞴中，禁得钳槌子，此段因缘，日近日亲；而从上来乃佛乃祖，越格超宗，千人万人，罗笼不住。处毛头针窍间，廓彻虚通，包容百千万亿无边香水刹海。拄杖头点拨列圣命脉；吹毛刃上挥断路布葛藤，踞曲录木，与人拔楔抽钉，解粘去缚，得大自在。仍来夷门分座，共相扶立。久之，以北堂高年倚门，迳还历阳生缘去处。果尔，霜露果熟，诸圣推出，应藩侯命出世。此一辨当使显扬。此风久已寂寥，而能卓卓不昧始末行藏，殊不辜探道行持、传法利生之雅范也。况个一着临济正法眼藏，绵绵至慈明、杨岐，须择风吹不入，水洒不着底剑利汉，负杀人不眨眼气概，高提正印，骂祖呵佛，犹是余事；直令尽大地人通顶透底，绝生死、碎窠臼，洒洒落落，到无为事大达之场，乃为种草。今既特来金陵叙别，因书此以示。贵闻见者知的的相承，非造次也。建炎二年二月十二日，将赴云居住山圆悟禅师克勤书。[①]

或许是对弟子绍隆的特别偏爱，无意之间，圆悟克勤留下了两

① 林子青.《关于圆悟禅师墨迹的说明与注释》.《法音》，1985年6期.

幅至为珍贵的墨宝。其前后呼应，道出了一个僧人，在肃穆的上堂之余，对于学生的另外一面，仿佛慈父。在昭觉寺，圆悟还有一个学生，两人的感情，也是非常特别。这位学生就是昭觉道祖首座："初见圆悟，于'即心是佛'语下发明。久之，悟命分座。一日为众入室，余二十许人。师忽问曰：'生死到来，如何回避？'僧无对。师掷下拂子，奄然而逝。众皆愕眙，亟以闻悟。悟至，召曰：'祖首座。'师张目视之。悟曰：'抖擞精神透关去。'师点头，竟尔趋寂。"心爱的弟子道祖首座奄然而逝之后，听见师父叫他，他依然睁开眼来，望着老师。师父对他说，你抖擞精神去寻找你想去的地方吧，他听话地点点头，"竟尔趋寂"。

道祖首座是圆悟克勤第一次还是第二次住持昭觉寺时收的弟子，现在已经无从可考了。1136年，在师父圆悟克勤示寂后的次年，仿佛紧跟着师父的脚步，弟子虎丘绍隆也在江南虎丘"示微疾而逝。塔全躯于寺之西南隅"。

风雨飘摇，那是一个怎样的时代？圆悟克勤、大慧宗杲、虎丘绍隆、昭觉道祖，只是仿佛一片片在风中兀自翻飞的树叶与蝴蝶，他们拼命试图抓住的，是自己的信仰，抑或孤独的灵魂。

晨钟暮鼓，成都城外的昭觉寺，圆悟克勤只是微微阖上眼睛，安宁而寂静的佛堂上，诵经与木鱼声，终年香烛的味道，仿佛很远，又很近。1135年八月，昭觉寺的他，是否听到五国城（今黑龙江省依兰县城北旧古城）的徽宗，在这一年四月西去的消息？

"彻夜西风撼破扉，萧条孤馆一灯微。家山回首三千里，目断山南无雁飞。"这首徽宗的《在北题壁》，与后主李煜的"帘外雨潺潺，春意阑珊。罗衾不耐五更寒。梦里不知身是客，一晌贪欢。独自莫凭栏，无限江山。别时容易见时难。流水落花春去也，天上人间”，以及赵昱的“寄语林和靖，梅花几度开？黄金台下客，应是不归来”，形成了一个充满宿命又略带讽刺的循环。

对于这位失败者，作家祝勇在《宋徽宗的光荣与耻辱》中写道：“假如，刀兵入库、马放南山，宋金间的战争全凭纸笔来拼杀，那么双方的胜负关系定然会颠倒过来。纸页上的赵佶，笑傲江湖，天下无敌。”①

“绍兴五年八月己酉，示微恙，趺坐书偈遗众，投笔而逝。荼毗舌齿不坏，设利五色无数。塔于昭觉寺之侧，谥真觉禅师。”（《五灯会元》）入寂前，其书偈曰：“已彻无功，不必留颂，聊尔应缘，珍重珍重！”（《僧宝正续传·克勤传》）1135年，一代高僧也在这一年示寂了。他生前上堂说：“自余立境立机，作窠作窟，故是灭胡种族。且独脱一句作么生道，万缘迁变浑闲事，五月山房冷似冰。”没有多少人能够懂得他的话，懂得他的《碧岩录》。

① 祝勇．《故宫的风花雪月》．北京：东方出版社，2013．

废墟上丈雪重建昭觉

“寺经甲申之变，概为煨烬。”1663年，丈雪开始了他在成都北郊一片废墟上重建昭觉寺的计划。他犹记得，十九年前，巴蜀生灵涂炭，张献忠以成都为西京，“士民不服，州郡大陷”，他自江浙归蜀追随师父破山，不得不先后避乱于大竹佛恩寺、梁山（今重庆市梁平区）万峰山活埋庵。其后，因母亲年高写信盼归，其便辞师回内江省亲，十月二十五日，临别，破山师父出源流拂子付之。师父说：“此系从上来，非老僧杜撰。”并送一偈给他：“现身恶世可深藏，莫逐周胡严李张。只待兔冰蛇吐火，始拈柏子祝吾香。”值此乱世，丈雪从破山手中接过的，不仅仅是作为临济禅宗三十二代传人的信物，而是脚下这一片苍生焦土渴望重生的托付。

后来，回忆此事，丈雪对徒弟彻纲、彻生们说：“老僧自十三岁时知有此事。经今三十有五。或众中，或独处，（生性）踊跃，淬砺不明誓不休。奈资质迟钝，奔南走北，度海量山，讨许多生受。闻诸方有一明眼宗匠，肩风踏月，倾诚请益，日无虚度，于中败阙，不堪纪录。”①

《罗湖野录》里说，江南姑苏定慧寺僧信禅师是“明眼宗匠”一样的人。在丈雪的眼里，师父破山海明，就是那个他值得肩风踏月、

① 彻纲、彻生、海屿、彻中等编著《嘉兴藏·昭觉丈雪醉禅师纪年录》. 见《嘉兴藏》. 姜锡慈、韩锡铎、王清原整理. 北京：民族出版社，2008.

一生追随的“明眼宗匠”。

破山，俗姓蹇，名栋宇，字懒愚，绥定府大竹县人，是明末清初西南地区重要的禅宗大师，著名禅院川东梁平双桂堂的开山祖师。因感于明代山河破碎，江山易主，遂自号破山。或许，破山也是非常向往《题破山寺后禅院》一诗中的那种境界：“清晨入古寺，初日照高林。曲径通幽处，禅房花木深。山光悦鸟性，潭影空人心。万籁此俱寂，但余钟磬音。”康熙九年（1670），其语录、言行由弟子莲月印正编成《破山禅师语录》十二卷，其生平经历由弟子雪臂印峦、灵木印绶编成《破山禅师年谱》，在嘉兴楞严寺刊刻流通，一并收入《嘉兴藏》内。

丈雪与师父破山的感情很深，情同子父，破山也可谓其精神上的“父亲”。康熙五年（1666）正月十五日，七十岁的破山将眼、耳、鼻、舌、身、意分成六偈，付嘱六人，以终生平之事。三月初十日，略感微恙的他，召集弟子说：“僧年经七十，四大渐颓，报缘将尽。”弟子们想去请医生来，也被他阻止，他说：“不可，人生去来，原属平常，何必贪寿。但率众修塔，乃是真孝。老僧行径，虽异诸方，然去亦不同故套，从上有坐脱立亡者，有拈拂竖指者，有奇言妙句、惊世骇俗者，老僧若入涅槃，只是起居如故，候时至则瓜熟蒂落，自然之道也。至于丛林风规，确守为上，亦如老僧住世无二，勉之。所有竹杖瓢笠道具之类，分与旧契，尚存衣钵之余，可付丈雪醉修昭觉祖庭。”他把积下的财产，给远在成都的爱徒丈雪重建昭觉寺。“至十六日午时别众，众皆潸然。师却就寝，少顷，复坐，指烛顾众而逝。……丈雪醉至，欲舁棺至昭觉建塔，众皆力争，遂塔全身于本寺万竹山之前，仍公举雪峤水为监院，众执事如旧。丈雪醉负衣钵爪发，塔于昭觉影堂之侧。”[①]

想把师父的棺木从川东梁平双桂堂运至成都昭觉寺，丈雪偏执的举动似乎有点不近人情。或许，他是希望师父能够亲眼在昭觉寺看着他，使昭觉祖庭一步步地重现辉煌。但他争不过众人，只能将破山的衣钵爪发，带回昭觉寺，建塔于圆悟克勤祖师墓侧供奉。并请了好友巴县了庵居士刘道开为师作塔铭。在这篇塔铭里，刘道开记下了一则惊心动魄的故事，为了从李鹞子的屠刀下救出上万百姓，破山被迫破戒吃肉：

> 及至甲申，刀兵横起，杀人如麻。有李鹞子者，残忍好杀。师寓营中，和光同尘，委曲开导。李一日劝食师肉，师曰：“公不杀人，我便食肉。”李笑而从命，于是暴怒之下，多所全活。……然自此，人目师为“酒肉僧”，反有籍师为口实者。师以救生为卫法之苦心，甚不得已也。

《双桂堂破山明禅师年谱》记载的这件事是顺治七年（1650），破山五十四岁，“时立阳李总戎屯兵涪陵，特营精舍，坚延憩锡，师以间关险阻，暂允其情，后李事师如弟子礼。师尝谓李曰：‘上帝好生，宜护惜残黎。’李即出令，不许误杀一人，迄今蜀东颂德不已”。

① 《嘉兴藏·双桂堂破山明禅师年谱》. 二祖印峦辑、平山印绶编.

因为这次经历，“酒肉僧”破山百口难辩，备受争议。这或许也是他在去世时，要求弟子像俗人一样为他下葬“以明心志”的一大原因。“至二月初十日，师示微恙，预申没后之约，不用荼毗，内棺外椁，便服入殓，窆如俗人礼。是月十六日亥时，盥漱搭衣，以手指烛，端坐而化。”[①]一次破戒吃肉，使他终生都没有原谅自己。

破山三十岁的时候，有一首《自赞诗》，在诗中，他把自己比喻成“川老鼠”：“这个，浑无奇特处。问禅禅不知，问教教非熟。懒散三十年，人天忽推出。握条短杖藜，打佛兼打祖。”对于自己“川老鼠”的生活，他似乎是如此满足：“无荣与人，无辱与人；天子不臣，诸侯不友；啸傲云山，吃清茶，饮清水；喜时歌，乐时曲；虎鹿为邻，松竹为伴；眼界自清，不同俗尘；通身彻底，惟一天真；天真之趣，花笑鸟鸣。不必别觅，动静中存。”[②]

然而，自崇祯五年（1632）回蜀，随即经历了家国毁灭，看尽了生灵涂炭，没有人真正知道破山的内心，在“年年七月十五，惟有今年最苦。田禾又被天收，人物尽遭贼掳”（《破山禅师语录》卷二），“紧缓行踪望寇营，枪刀人马密如鳞。愁肠自是难舒畅，一任身亡一任存”（《赴营》）的乱世，一心复明的僧人破山，除了写下“漏声催欲尽，寒夜独悲吟。殿满灯光静，窗横雪照深。三思诗眼疾，孤枕念同心。寥落一身外，萍踪何处寻”（《破山禅师语录》卷

① ［清］刘道开．《嘉兴藏·破山和尚塔铭》．另见光绪二十年《梁山县志》卷二《名墓》．

② 《破山海明禅师语录》（上下册）卷九．破山海明说、印伊等编．北京：宗教文化出版社，2007．

▶ 图为破山草书轴：『河边淑气迎芳草，林下轻风带落梅。』 四川博物院收藏 林巢梦摄

十八《为苍松禅人别言》），就只能在明军、大西军、清军、南明军、夔东十三家等拉锯战中，看见蜀人一个个倒下，而他一次次地出入军营，只是渴望在屠刀下，多救下几人。

据说，破山圆寂前，有偈语一首："屐声滑滑响苍苔，老去寻山亦快哉！回首五云堪一笑，淡然潇洒出尘埃。"[①]今天，我们已经看不到昭觉寺丈雪为他建造的一座塔了，但庙里普同塔院外檐下存有破山的一块书碑，以及四川博物院、成都文殊院、杜甫草堂、梁平双桂堂的一些破山的书帖碑刻，让人可以想象，一代大德高僧的造诣与风采。

从《双桂堂破山明禅师年谱》和《昭觉丈雪醉禅师纪年录》里，都可见师徒二人年幼时即天赋异禀。破山小时候是这样的：

师四岁，形貌端正，七处平满，只是

① 《揞黑豆集》卷六．北京：商务印书馆，1923年影印日本刊本．

终日不语，父母疑其不慧，忧之。师尝语人曰："父母谓我孩孺时发言最迟。"

师七岁，有邻士颂《金刚经》，至"若以色见我，以音声求我，是人行邪道，不能见如来"，师随声学诵，父母惊且喜曰："我子说话了也。"识者曰："此儿不可测！"

师十岁，偶遇一僧，为说世出世间法，闻之甚喜。自此恒觅佛书，虽未深谙经意，然心中恍恍，若有契焉。十三岁，纳室某氏，人情世事，略不经心，父母责之曰："汝不理家务，他日不知成个甚么人？"师曰："看那泥塑木雕的佛，尚有许多人供养，何况男子志在四方，乌可限定耶。"

师十八岁，时常婴病，自觉世间俱属无常幻境，乃远涉名山大川。一日忽归，遂将妻室安置毕，兄以师为不肖，视如路人。师愈喜游历，更不思归。后尝语侍者曰："我在家时，已作行脚僧了。"①

再来看丈雪。《昭觉丈雪醉禅师纪年录》，是在丈雪生前写就的编年体，当经过丈雪的亲自审定和首肯：

师，蜀之内江人也。父李姓，讳梅，母姚氏。俱有德望，里称巨族。是年十月十五日子时，母梦一僧负蒲团借宿于中堂，遂生。乳名和尚。

---

① 《嘉兴藏·双桂堂破山明禅师年谱》. 二祖印峦辑、平山印绶编.

师五岁，慈母携上古字山。见金像巍巍，问曰："此何人也？"慈母曰："此是世出，世间大人相好，其名曰佛。"于是恳求削染。母归，谓父曰："此子有出尘志。"明辰，父母送上古字山。礼胞叔清然师落髻，法名通醉。时有善人易修吉，先，夜梦僧送弥陀佛一尊来家供奉，及天明，清负师过易门，因符梦兆，与供养焉。

师十岁。凡见社庙，必进而揖焉。见庵堂，恭为设拜。常想佛像金光慈范，曰："世间若有这等人，我便认作父母。"供养、业师聆而笑之。[1]

甫一登场，这个乳名"和尚"的人，幼时就和破山一样，表现不俗。然而，十二岁那年，永宁土司奢崇明叛乱，攻合江、纳溪，破泸州，陷遵义，最后围成都，幸得秦良玉等各路援军解围，"佘寅作叛，屠戮甚惨。老幼惮之。"从其纪年录可知，丈雪出身的家庭最初还是很优裕的，但自其出生之后，加上后来的战乱频繁，就逐渐衰败。以致当地父老都说："此子累父母如此。"

二十五岁的丈雪在崇祯七年（1634），破山归蜀两年后，于梁平太平寺参谒师父破山。

丈雪侍奉在破山左右，"一日，侍游白兔亭，观瀑布"。破山书偈曰："画断苍崖倒碧岑，纷纷珠玉对谁倾？拟将钵袋横拦住，只恐蟠龙丈雪冰。"并为其取名"丈雪"。丈雪也以该瀑布作诗一首：

① 彻纲、彻生、海屿、彻中等编著《嘉兴藏·昭觉丈雪醉禅师纪年录》. 见《嘉兴藏》. 姜锡慈、韩锡铎、王清原整理. 北京：民族出版社，2008.

“谁将玉线挂山头？晴雨凄凄总弗收。几许劫风吹不乱，牢拴天地一虚舟！”诗中，向师父表达了自己出世和向佛的坚定。

崇祯九年（1636），丈雪尊破山嘱咐，往浙江宁波天童寺参拜师爷密云圆悟。临别，破山书写了一把扇子给徒弟饯行：“雪骨冰肌谁个知？临行相赠扇头诗。清风赢得还归握，莫漫逢人露一丝。”关于这首赠诗，《双桂堂破山明禅师年谱》则记载是在顺治十一年（1654），“丈雪醉自夜郎来省觐，师命上天童，代扫悟和尚塔。每告醉曰：‘老僧欲诣先老和尚塔前，拈一瓣香，奈年来荒乱，道路荆蓁，汝不辞劳，可先为老僧一往。’遂书送行偈曰：‘雪骨冰肌谁个知，临行相赠扇头诗。清风赢得还归握，漫莫逢人露一丝。’并送法孙佛冤法语”。从其诗中口吻看，似乎以前者为确切。爱徒要去自己的师父密云圆悟那儿深造，师父破山手书一扇，表达自己的殷切期望。

崇祯十七年（1644）三月，李自成攻陷北京。四月，清摄政王多尔衮率八旗军与吴三桂合兵，在山海关内外会战李自成。九月，清廷自盛京（沈阳）迁都北京。同年八月，张献忠占领巴蜀，号西京。十月二十五日，破山把自己师父密云圆悟早先传给他的信物源流拂子，传给了爱徒丈雪。

丈雪和内江老乡、师兄灵筏印昌、澹竹行密[①]被称为“三大士”：

① 澹竹行密（1609—1667），开法嘉州水莲庵，重建成都草堂寺、彭县大隋山白鹿寺等，《锦江禅灯》有传，《益州书画录附录》云其“工书，近王羲之，笔法挺劲，为空门健笔”。灵筏印昌（1608—1665），住万寿，《锦江禅灯》载有其法嗣紫芝藏禅师。

流寇烧琴烹鹤。（蜀中）惨遭涂炭，遂致雄强蜂起，饥馑逼人。师唯草衣木食，甘苦备尝，常与灵筏、澹竹冢间一宿，树下一栖，时人咸称三大士。有避兵遣怀诗云："风火惊人入路玄，数峰猿鸟冷相煎。溪边红浪多应血，汉外乌云半是烟。满肚愁肠如石劫，一条穷命似丝悬。虽无计活安身术，幸有芒鞋脚底穿。"阖国俱焚，唯夜郎青山无恙。

来年，丈雪到夜郎（贵州）桐梓，躬耕为业，亲操杵臼，隐于雪居寺。在乱世中，丈雪写下深沉的《从军行》一首："烟云醉骨逐征衫，箬笠戎衣度岭南。兔角杖成平寇戟，龟毛拂作赶山鞭。肉边饭浑三顿饱，脚上泥和一脚眠。惆怅汗颜何日洗？高提组印绪南禅。"没想到在贵州的第二年，母亲家慈就在老家内江辞世，这成为丈雪一生的憾事：

尝谓四众曰："醉生不辰，陡婴甲乙之厄。上有严慈，年高八十，见无寸土之宁，于是秋嘱醉：'过江结茅储粟，旋接老躯。'阅数月，严慈背于故土。虽烽烟间阻，赖有僧兵通镐挟讣而至。常拊脾叹曰：'为人子者生不能养、死不能葬、葬不能祭，世之大罪人也！'"痛哭流涕，竟月不已。遂设供，尽人子之心。哭曰："时丁劫运实难量，吾母叮儿过大江：'静壑可依来接我，阿哥偕舁入南冈。'天年已谢烽烟际，燹火惭无缩地方。愿借一言征万古，青天雨泣涨瞿塘！"

在夜郎国，偏安一隅，丈雪领众躬耕，以百丈怀海立下的丛林清规“一日不作，一日不食”为戒。自此以后，其都以身作则，正如其付与徒弟月幢彻了的法语：“领众开田，以身先之。”在昭觉寺，从《拾穗歌寄华阳山人蒋太史》一诗可以看出，他更是将这种精神发挥到了极致。丈雪像比他稍早的江西曹洞宗无明慧经一样，“凿山开田，不惮劳苦”，“山僧昨早停箸，披蓑顶笠，弄头到晚，犹不觉倦。若不践履至百丈堂奥，焉能禁得大众？”憨山德清说无明慧经“生平佛法，未离镢头边也”的那句话，也可以放在丈雪身上，其农禅并重，可谓一生力行。八十岁时，丈雪作偈曰：“绣斧清晨入法堂，承先问我寿何长！二时粥饭延年药，一枕高眠独卧方。汲水拾薪全大用，于农曰圃自斯当。生平功行只如此，日用丝毫不覆藏。”八十四岁时，把自己当一个农人的丈雪，还写就《八十四叟丈雪醉头陀手书》：“自来溪里住，家什逐年增。日煮三棵菜，时供一个僧。坐禅非所习，看话亦无能。只应随缘进，如何继祖灯。”

顺治五年（1648），三十九岁的丈雪为十九岁的亲侄儿李氏落发，为其取法名彻纲，号佛冤。自此，这个被称作佛冤彻纲或佛冤纲的僧人，将跟随他四十七年。

康熙二年（1662）的春天，丈雪听闻师兄澹竹行密被小人侮辱，感到非常气愤。或许正是在这样的心境下，他过成都的昭觉寺时，忽然就停下了。“集昭觉故址，图恢复焉。”他一边对于澹竹的事情一笑置之，一边在昭觉废墟上，“领众赤手撮砾，结茅五十

▶图为『八十叟』丈雪行书七绝诗轴：『自叹疏狂一拙僧，年来老去百无能。虽然有个闲身在，吃饭穿衣似未曾。』 四川博物院收藏 林巢梦摄

余间”。这次，佛冕彻纲是他的得力助手。“我本师老人于劫火后，偕其嗣法佛冕大师，自南旋蜀。追念祖庭，诛茅芟棘，结麓以居。时为皇清卯岁也”①，“（丈雪）大师周旋左右拮据，多为（佛冕）和尚勘验徒众，特严许可”②。

“鹿门彭司李置农器。诸山及众善人助耕牛五十头。垦荒种菽，且左右一带杳绝人烟。或曰：缺水，未能营生。溯渠十五里许，有长堤陷五百尺。随即捐衣钵，率缁素，计一百二十日，堤成……前筑小园，垒土为山。砌石为沼，藤萝掩映，花竹交辉，古楠一株，参天直上，横枝四出……”“先有昭觉寺，后有成都城”，在丈雪、佛冕两代人的努力下，昭觉寺不但先于成都

① 《二隐谧禅师语录·塔铭》卷十。

② ［清］释中恂、罗用霖．《重修昭觉寺志》．见《中国佛寺志丛刊》第120册．南京：江苏广陵古籍刻印社，1996．

城而重建，而且至康熙二十六年（1687），就已经基本恢复了昭觉寺曾经的规模。

《佛冤纲禅师语录》吕潜序中说：“粤自天童密云老人提唱东海，为其子若孙者悉皆龙象。唯吾蜀当板荡之秋，独能倡教西南，人天皈仰，逞大法力，救民水火之中，则破山禅师一人而已。破公门庭虽峻，衣钵浸广，至于行解相应，福德巍峨，创复昭觉禅院于荆棘草莱之中，王侯宰官归心恐后，拔引下士至耋不衰，则丈雪禅师一人而已。丈公年逾八十退院，颐老弟子率多散去，其继主昭觉敷扬大法，上奉丈公以无坠破老人之遗烈，则佛冤禅师一人而已。”

佛冤曾经分别于康熙十二年（1673）和康熙三十三年（1694）两次出任昭觉寺方丈，虽然一生追随丈雪，但约有十年时间，他在内江老家古宇山。对于昭觉的方丈一职，他是有意或无意地在逃避。或许，在他的眼里，同门师兄弟青城竹浪彻生和大慈寺懒石聆，都是比他更为合适的人选。1676年，他在峨眉山写下的《望峨眉》一诗，或许能够表明他向往远方的心迹：“新晴缥缈一山升，遥望令人兴转增。倦鸟带来花事晚，白龙归去石池澄。溪烟着日荒城翠，林叶飘空古寺灯。飞尽乱云天咫尺，诗题不歇意先登。”

其实，不仅丈雪偏爱，师兄弟们与其交好，在师爷破山的眼里，佛冤也是一个让人喜欢和寄予厚望的法孙。

1654年，作为侍者，佛冤陪着师父丈雪，从贵州到梁平双桂堂看望师爷破山海明。这或许也是破山第一次见到佛冤，他欣然写下《示佛冤法孙》，表达了对其的看重和殷切叮嘱：“做个禅和子最要苦得，吃不得，然后可谈。就中事，若是只图粉饰个模样，内外不相应，乃形同沙门，未得法同沙门也。然而苦非是以担山填海，劳其触骨，饿其体肤，不过是二六时中，此生死之心未觑破，终是为碍。如何是怖生死心，叻！是谁缚汝？”又作“送法孙佛冤法语”，即《送佛冤法孙之江南》，让其参悟：“说起江南行，心中难割舍。草鞋脚底忙，竹杖肩头把。前路黑漫漫，聿身光洒洒。去来弹指间，我问答何也。”

康熙三十三年（1694），破山已经圆寂二十八年，丈雪则已经八十五岁了，佛冤也已六十五岁。一天，四川布政使高起龙、按察使赵良璧二人路过寺院，看望通醉老和尚。二人问起，老和尚徒弟众多，打算让谁来做接班人？丈雪想都没想就说：“正好，有佛冤，讳彻纲，居川中内江古字山诸古、天池山般若二禅院。其人刚直，堪为领众。”二司回到衙门，马上发文，以官方的名义，派了数人坐船去内江接佛冤回来。佛冤彻纲没有办法推诿，只好随来人回昭觉寺赴职。[①]

康熙四年（1665），大雄宝殿建成，这年恰是蛇年。丈雪忽然明白，当初师父破山传与他源流拂子时，那首充满玄机的偈诗：“现身恶世可深藏，莫逐周胡严李张。只待兔冰蛇吐火，始拈柏子祝吾香。”乱世，似乎真的已经远去了。佛门，对于破山、丈雪、佛冤三代人来说，似乎就是唯求“太平”与“安心”。昭觉寺大雄宝殿建成的第二年，破山圆寂，其遗言说：“尚存衣钵之余，可付丈雪醉修昭觉祖庭。”

① 关于此节，《锦江禅灯》和《重修昭觉寺志》记载大同小异。

康熙三十四年（1695），四川按察使赵良璧在城里创建二仙庵，屡次邀请丈雪去参观，因为从七十二岁那年就退隐于云半间的丈雪老人，早就有言不再入城也不再过问世事，遂婉言拒绝。但赵不死心，就邀约文武官员一起到昭觉来请，丈雪没法乃往。没想回来就生病了。

十二月二十六日，丈雪老人自知将要辞世，唤佛冤前来。丈雪叮嘱他说："老僧四大不和，欲断世间法，汝继席祖庭，担子甚重，以调众之心为己任，揄扬法窟之纲，维即佛祖之心耶。"[①]第二天，以衣盂物散众，夜半，索笔书偈曰："湟帝新岁，碓觜生花。虚空袭破，万壑生芽。老僧掷笔，谁者是他。"即唤澡浴，毕，大喝一声，奄然而逝。

丈雪圆寂，停厝七日，佛冤彻纲含泪为师父在万松岭举行了隆重的荼毗仪式，得舍利子无数，为之"建塔院之西隅百步许"[②]。或许，对从小父母早亡的他来说，丈雪就是他的父亲，"上堂，今日是先老人寿诞之期，不肖彻纲修葺寿塔，工竣之日，大凡宗乘扶竖，呼为特达，门庭辉腾"[③]。

数年后，佛冤彻纲也老了。八十岁左右的他，有一天，也悄然示寂于昭觉寺。史书没有对他的卒年进行记载，只是记下了他这

① 《嘉兴藏·佛冤纲禅师语录》吕潜序。但《重修昭觉寺志》载：康熙三十二年（1693），（丈雪）"晚年休息于佚老关，癸酉十月，沐浴趺坐，作《真归告》，示寂。"当以《嘉兴藏·佛冤纲禅师语录》所载为确切。

② 丈雪祖师墓本在寺外农田，今之青龙街道东丽街。其原址不知是否就是丈雪老人当初归隐的"云半间"？在丈雪祖师墓不远处，荆竹中路附近，有守仁、道魁师徒合葬墓。

③ 《嘉兴藏·佛冤纲禅师语录》。

个人的相貌，以及他的灵塔之所，“广颡丰颐，平顶大耳，白如雪珂。目光灿灿射人，及冲和接物，则煦霭春温，贩夫特牧监，了无堕容”，“莲花池，寺内佛冤和尚塔院之侧”，“佛冤纲公之塔。精舍数楹，丛篁万竿，一碧无际小溪流水曲折而东，中汇为二亩莲花池，池畔旧有浣莲亭，今圮。院之西为莲花井，水泉甘美，煮茗香美异常”。[①]

康熙三十年（1691），平民马英因为母亲的灵柩被盗而偷偷将其尸骨改葬于昭觉寺的庙产青龙岗：“马英以母柩盗，葬于青龙冈。青城、天湛鸣公。有司依律鞫问，杖八十，屠罪一名，免责，罚银肆两补修文庙。”丈雪的徒弟青城竹浪彻生和徒孙天湛炽（佛冤纲弟子），代表寺庙以此将马英上告，说其侵占了庙产，官府遂对马英做了责罚。马英则装病，自己又把母亲的尸骨挖起来，停厝在家中。然而，隐于云半间的“山去老僧”丈雪听闻了此事，感到非常痛心，飞书训诫青城、天湛二人，他说：“河伯神因为自己的水多了，就不知道还有海了吗？你们就像‘蚀木之虫，不识皮味’，何况天地之广大啊！”[②]丈雪的纪年录里，没有记载后来这事是怎么处理的。

这个“山去老僧”的声音，传了三百年，依然如雷贯耳。

① ［清］释中恂、罗用霖．《重修昭觉寺志》．见《中国佛寺志丛刊》第120册．南京：江苏广陵古籍刻印社，1996．

② 彻纲、彻生、海屿、彻中等编著《嘉兴藏·昭觉丈雪醉禅师纪年录》．见《嘉兴藏》．姜锡慈、韩锡铎、王清原整理．北京：民族出版社，2008．

树包碑　椰瓢飞　柱头落地祖师归

如果说丈雪通醉为昭觉寺中兴的开山祖师，那么，自丈雪通醉以后，昭觉寺历代住持有怎样的传承呢？我试着做了一个简要的梳理：

第一代是丈雪通醉。

第二代是佛冤彻纲，其间青城竹浪彻生和懒石聆也短暂出任过方丈，懒石聆还是城内大慈寺的重建者，三人都是丈雪的徒弟。

第三代是竹峰续。

第四代是竹峰的两个徒弟，悟参实鉴和潜修悦，潜修悦于乾隆四年（1739）升座。

第五代是守仁际定，以及“月公、广公、自公”三位方丈。

第六代是守仁的徒弟道魁了元，之后另有远公、能公住持过三年。

第七代是超凡阔。

第八代是咸丰、同治年间出任方丈的天然纲、绍实、遇文修公和慧林。

第九代是皈一真道和广济，皈一（又作归一）圆寂于同治六年（1867）。

第十代是明照通朗。

第十一代是天信中恂，光绪二十二年（1896），住持重修《昭觉寺志》。

第十二代是常明。

第十三代至十六代，期间有了尘钦、觉照清、禅定明、定慧戒明（定慧国）、智光、慈清宗睿、慈云慧敏、佛坤、佛智（宗智空）等出任方丈。民国六年（1917）仲冬月，定慧戒明被选为昭觉寺第十四代方丈，当时成都数名政要联名所发的贺文名为“选长”。1920年9月，方丈了尘钦救下了至昭觉寺避险的滇军旅长朱德。

第十七代是清定方兴，1985年出任方丈。

第十八代为演法，清定徒弟，2004年出任昭觉寺方丈至今。[①]

“入门不见寺，十里听松风。香气飘金界，清荫带碧空。霜皮僧腊老，天籁梵音通。咫尺蓬莱树，春光共郁葱。”这是康熙赐予昭觉寺的题诗。从唐末的休梦了觉“领旨寓蜀昭觉”始，昭觉寺就没有离开过历代皇帝的视野。然而，有两则关于昭觉寺的民间传说，却都反映出昭觉寺对政治、权贵并不那么“感冒”。

一则说的是福安康与当时的昭觉寺方丈的故事。福安康到昭觉寺来视察，有点飞扬跋扈，而昭觉寺方丈却和他斗智斗勇，终于把他收拾得服服帖帖。昭觉寺僧人还跟他开了一个玩笑，以福安康的样子，塑了一个福安康式的土地，派给昭觉寺看门，据说这个土地20世纪50年代都还存在。[②]

另一则，则说康熙晚年到峨眉山找普贤寻找长生不老之方，普贤就躲到了昭觉寺，康熙又追到了昭觉寺，先后碰到了普贤化身的和尚、居士、火头，而真正的昭觉寺和尚，一位须眉皆白的“活普贤”

---

① 李富强.《昭觉寺史话》. 成都：四川省佛教协会，2004.

② 《中国民间故事集成·四川卷（上册）》（1991年版）载《昭觉寺的土地》. 讲述者为傅克孝. 1986年4月采录于成都市当时的西城区.

正在寺内忙着给人治恶疮。“那些贪官吃着百姓的骨肉，生活得很滋润，所以就想长生不老地一直享受下去。不过，这些人就是吃了长生药，也活不长的。你想啊，他们干了那么多坏事，个个痛恨，人人咒骂，骂都把他们骂死了。你说吃了长生药，管用吗？”康熙在昭觉寺触了一鼻子灰，只好灰溜溜地走了。[①]

民间传说里，那位正在给人治恶疮的“活普贤”，以及替昭觉寺看门的“权贵”化身的土地，仿佛一种隐喻。现实与幻象，神话与民

▶图为民国时期昭觉寺八角亭前的林荫道　林元亨收藏

① 许明.《难行能行：大行普贤菩萨》. 上海：上海辞书出版社，2005.

间，真相与理想，出世与凡尘，在民间老百姓的叙述里，在昭觉寺这里，奇妙地交会在一起。翻开《重修昭觉寺志》，我们忘了历代皇帝给一座寺庙的加冕与题记，也并不记得寺志和塔林里的那些若隐若现、如真似幻的苦修僧人，甚至《重修昭觉寺志》开篇那些参与重修的僧人名单，我们也觉得枯燥和冗长，但那些名字和法号后面，他们的脚步，从来都是如此轻盈而又坚定。

对于《昭觉寺的土地》这则民间传说，讲述者并没有提及那个昭觉寺方丈的名字。但《重修昭觉寺志》里，的确记载着福安康与昭觉寺的故事。虽然民间传说与历史真相多有出入，但我们可以知道，当时接待福安康的昭觉寺主人，是昭觉寺中兴以来的第六代方丈道魁了元。

乾隆十七年（1752）春天，二十六岁的道魁，听说成都昭觉的宗风远振，就乘舟入蜀，拜在守仁方丈的座下。第二年正月十五，接受了守仁所付法卷，法号“了元”。师父去世后，他不但在嘉兴刊刻了数位昭觉方丈的语录，并连同丈雪以来的历代方丈的语录送往扬州高旻寺。乾隆三十七年（1772）春，游历江南的道魁，再一次回到昭觉寺，这一年的八月八日，被师叔自公与合院大众推举，担任昭觉方丈。

乾隆四十二年（1777），城内的草堂寺残破无主，在成都府和当地士绅的请求下，道魁同时出任草堂寺方丈。通过其十余年的维持，草堂寺焕然一新。自道魁管理草堂寺始，一直至清末民国时期，草堂寺都属于昭觉寺位于城里的下院。

《护持昭觉禅林记》，对道魁的师父守仁性定有着这样的描述，

“一布裤百缀千袖不忍置”，“睹其立品端方，焚修苦行”，“常住应用物等件，无不逐时添备，井井有条，信乎后世之良规，宗之琳柱也。”深受师父的影响，道魁依然践行着师父辩道济众的精神。嘉庆三年（1798）十月二十六日，李调元为其《年谱》作序就说，道魁“既领于昭觉，复兼摄于草堂。宏开象教，有施粥救饥之惠普度众生。立春戒冬之条，留规制约。重建阁楼，不惜万金之资。同结善缘，后置千僧巨釜”。

“昭觉道魁和尚，大乘禅宗也，工诗，余暇即往唱酬。临别依依，携手偕行，忘路远近。忽闻桥畔泉声爆漏，时已去夺三里许矣。余曰：此亦虎溪也，相与大笑而别。归途口占俚言录呈一粲。”福康安的一首诗里，记载着其与道魁良好的朋友关系：“话别诗僧携手行，谈心何暇计归程。忽闻桥畔泉鸣处，疑是溪边虎啸声。”这首诗见于《重修昭觉寺志》。福康安曾两任四川总督，乾隆四十六年（1781）至乾隆四十八年（1783），以及乾隆五十八年（1793）至乾隆五十九年（1794）。乾隆六十年（1795），福康安统兵数万镇压湘黔石柳邓与吴八月起义，第二年，死于军中。而关于其死后托梦与昭觉寺道魁的传说，则家喻户晓。据说，其死之日，道魁梦见其请，在昭觉寺求一清净之地安身，这或许就是昭觉寺塑有福康安像的缘由，其实，是道魁为了怀念友人的一种托词而已吧。只不过，一场友谊，在民间传说里，却变成了昭觉寺僧人在福康安生前，以土地老儿来嘲笑其权贵身份的桥段。

据说，在好友福康安去世三年后，一日，道魁手指大雄宝殿前的那株黄葛树，说了一句：“树包碑，椰瓢飞，柱头落地祖师归”，然后奄然而逝。这个并不见于《重修昭觉寺志》的偈语，却流传至今。

2018年夏天，我再一次来到昭觉寺的大雄宝殿前，仰望一棵枝繁叶茂的大树。香客们在树下围坐，他们写着一些奇怪的字条，据说可以超度亲人，这棵树的生命力多么旺盛啊！

“文化大革命”期间，昭觉寺的几个大庙都拆了，只剩一栋藏经楼、八角井和黄葛树。青龙场土生土长的客家人钟正清老人说，当时这棵黄葛树都差点死了，水把黄葛树都淹了，齐腰高的水。幸好后来抢救及时，这棵树才活了下来。他也同样记得“树包碑，椰瓢飞，柱头落地祖师归”，但也说不出，这句话的具体来历。

嘉庆六年（1801），道魁的弟子超凡出任昭觉寺方丈。但此时寺院僧众增加，最多时高达六七百人，已经成为一个巨大的负担。寺院面临入不敷出的境地，而与周边农民因争水的矛盾也日益突出。嘉庆二十三年（1818），被诉讼官司弄得焦头烂额、身心疲惫的超凡，被迫让出方丈一职。

五十多年后，直到同治十二年（1873），明照通朗出任方丈，情势才略有好转。明照和道魁一样，社交能力较强，与四川总督丁宝桢交好。丁还将其第八子寄养于明照门下。当时，丁经常出入昭觉寺，以至当时许多官员，为了办事，在昭觉寺外的大道上迎候。光绪八年（1882）十一月初七日，应丁宝桢请求，光绪皇帝特赐“龙象神通”四字匾额到寺，悬挂于大雄宝殿中檐，诏书云：

自军兴以来，昭觉寺僧通朗等勉积焚献之余，照例捐输津贴，自咸丰初年至今，共缴银九千六百七十余两，又缴夫马钱一万余串。光绪六年举办积谷，尤能推广神庥，实属急公向善士民人等，例得请奖。惟方外梵行，无所用其奖励，而所出之财又皆出于神惠合无，仰恳颁发匾额以示旌扬等语，四川省城北关外有昭觉寺，供奉释迦佛，康熙乾隆年间曾经钦颁匾额、经卷，兹据该督奏请，即着南书房翰林恭书匾额一方，交了宝桢抵领敬谨悬挂，钦此。

光绪十年（1884），在丁宝桢的关照下，清廷特为昭觉寺发文："自示之后，凡有官绅士庶顶种寺中田地者，务须先向寺僧三面妥议，另换佃约，不准加价私顶。其困地只准耕种，不准埋葬坟墓筋骨，每年应纳租谷，亦不准掩欠升合。倘有不肖之徒向佃户加押私顶，准该寺僧禀官究治，即将加顶之银充公地归寺耕种。各宜凛遵毋违。特示。"

光绪十一年（1885）四月十七日，明照圆寂。中恂继任方丈，他做了一件很重要的事，就是在原丈雪修订的《昭觉寺志》上，与成都文生罗用霖一起，重修了该志，并名曰《重修昭觉寺志》，这是光绪二十二年（1896）的事情。光绪二十六年（1900）八月，中恂以丈雪作于康熙二十八年（1689）的一幅书法勒石刻碑（今存拓本），碑后有中恂跋语："国朝昭觉开山祖师丈雪老人笔势超妙，别有意趣，世传大幅颇少，此存本寺二百余年，历代宝藏，十方仰之，因特钩摹入石，以公同好。光绪庚子岁八月中恂识。"

《重修昭觉寺志》，仿佛是昭觉寺的一道最为绚丽夺目的反光，是天信中恂在丛林江河日下时，为昭觉寺的寺院史做的一个完美的总结。

光绪二十二年（1896），岁次丙申，黄钟月（农历十一月）之冬至日，在昭觉寺的禅房，中恂为《重修昭觉寺志》写上了跋的最后一行，“当代方丈中恂信书于本寺昭先觉觉后觉之轩。”

《重修昭觉寺志》里，天信中恂并没有徇私为自己留下一个小传（志末“补编”仅收有一篇王藻章写的《中恂方丈》小文，全是描述当时寺庙盛景之语），以至我们今天，对这个大清末世阴影下的昭觉寺方丈，知之甚少。《重修昭觉寺志》署名，我们只知道他叫中恂。佛智之徒宗佛《我的祖师排序表》里，则记载着他是“天信中恂”，而《重修昭觉寺志》“跋文”，则表明他是“中恂信”。

1906年，重庆同盟会支部机关报《广益丛报》①的第120期，上面刊载着这样一条“政事门·纪闻”——《昭觉寺提款充公》：

> 成都来函云：省城北门外昭觉寺……现有良田七千余亩，常年出息有四五万金，为川省丛林之最。该寺前届方丈天信与省城内红土地庙邓高氏之女有旧。前月被警察局查获讯究，据邓高氏供称，该僧诱占伊女，已有多年，生有男女四人，长子已娶有妇，昨年从军死于西藏之难。天信不多给钱，其媳故尔败露等语。警察局总办周观察禀明锡帅，由锡帅电奏以该寺产业甚丰，

① 1902年，由杨庶堪、朱必谦等在重庆创办。该报主要搜载全国各地报刊介绍西方科学、民主及国内问题等方面的文章和报道，并大力转载同盟会创办的机关刊物《民报》文章。持续办报九年，是整个西部地区近代报刊中出版时间最长的报纸。

徒供劣僧浪费，请照章提拔七成作官立农政、法政、警察、各学堂之常年经费，以归实用。当委候补州判乔联沅、署华阳县丞陈继唐二员，丈量该寺田亩，大约七成，可提五千亩有奇云云。

这个“天信”和“中恂信”自然都指向同一个人无疑。《昭觉寺史话》记载，光绪三十一年（1905），在常明住持期间，四川巡警道以其榻下发现剪口布鞋，有行为不检之嫌为由，即一次提取昭觉寺良田三千七百亩。

事实上，昭觉寺发生被“提款充公”这件事的背景，正是清末家国危亡之际，在全国兴起的“庙产兴学”，虽然这件事昭觉寺百口莫辩，但的确是清末僧俗纠纷的一个个案。

光绪二十四年（1898）五月五日，戊戌变法即将到来的前一个月，张之洞在《劝学篇》提出“非天下广设学堂不可”，他认为，要解决兴学的物质条件，除了书院、祠堂，“可以佛道寺观改为之，今天下寺观何止数万，都会百余区，大县数十，小县十余，皆有田产，其物业皆由布施而来。若改作学堂，则屋宇、田产悉具，此亦权宜而简易之策也。……大率每一县之寺观取十之七以改学堂，留十之三以处僧道，其改为学堂之田产，学堂用其七，僧道仍食其三。计其田产所值，奏明朝廷旌奖，僧道不愿奖者，移奖其亲族以官职。”于是，光绪帝在五月上谕，令各省“民间祠庙，其有不在祀典者，即由地方官晓谕居民，一律改为学堂，以节靡费而隆教育”。当时的四川总督奎俊和学政吴庆坻接谕后态度积极，即刻通饬各府厅州县查照办理。

因四川的寺庙道观众多，由此也引发了多起纠纷与诉讼。[①]

可能是注意到“庙产兴学”政策过激，光绪三十一年（1905），光绪又颁发了一道保护庙产的上谕。正是在这个时候，外号“周秃子”的四川警察局总办周孝怀，这个刘光第的学生，百年前以“娼（禁娼禁赌）场（兴办劝业场）厂（办厂）唱（改革川剧）”四字改变了成都的风云人物[②]，在昭觉寺却发现了一双女人的剪口布鞋——老百姓口头传说中，则是一双绣花鞋。

现在，我们已经不知道究竟是天信中恂还是常明有不检之嫌。因为和童葆生等人一样，成都县昭觉寺僧人常明，因先后捐资几千两，总督锡良还在这一年的三月，对这些人奏请朝廷“给予‘乐善好施’字样，准其各在本籍自行建坊，以资表彰激励”[③]。

而从《广益丛报》所载看，似乎是天信中恂更为坐实。

那么，常明后来又怎么样了呢？在昭觉寺的塔林里，并没有看见他的墓塔。

2009年6月26日，在重庆潼南梓潼街道办事处石碾村11社的“和尚坡”，发掘了一座立于民国三十五年（1946）的近代墓。考古队员根据黑色石碑上雕刻的墓主生平，发现墓主就是成都昭觉寺的方丈常明。从墓志可以看出，他曾经在潼南的禹庙带发修行，并最终在昭觉寺出家二十年，退隐后，最终又葬在了故乡的潼南。他为什么退

① 徐跃．《清末四川庙产兴学及由此产生的僧俗纠纷》．《近代史研究》，2008年5期．

② 岱峻．《百年前他改变了成都》．《成都日报》，2002年5月22日．

③ 《总督部堂奏童葆生等捐款请奖片》（光绪三十年十二月）．《四川学报》第4册．光绪三十一年（1905）三月，“奏议”．

隐呢？是什么原因，让他离开了昭觉寺。而光绪赐予他的那座“乐善好施”的牌坊呢？

关于常明的那双剪口布鞋，是否就是传说中陈圆圆赠送丈雪的那双“文物”呢？一切的真相，都隐在了历史的烟云中。

2018年8月11日，正在维修的地藏殿门口，一位来自都江堰的木匠师傅，正在刨一块写有毛笔字的木头。今天，他就要把上面的字迹，全部刨完，然后重新安在大殿里，刷上红色的漆。丛林分东西两序，西序有首座、知藏、知客、书记、衣钵、侍者、汤药等。东序有都监、维那、副寺、典座等。东西两序都有的列职，则有寮元、化主、园主、水头等各职事。听说师傅要把这些字全部刨去，我和儿子趁他去吃午饭的时候，赶紧抄录下了这些清末的文字——初衷只是简单地觉得，那上面就是一份当时昭觉寺僧占一半（不见东序）的名单（标点为笔者所加）：

西序

西堂：天然

堂主：□□

副司：清云

库头：善用

典座：昌伦

藏主：□□

书记：会川

知藏：凤刚、智禅、来修、慧杰、觉藏、隆潮、通暲、法深、觉路、续藏、松山、慈灵、来澈、宇容、心辉、海崇、源林、觉彩、本

月、玉□、道岭、源尘、宙智、如度、慧林

知客：□□

记录：本参

侍者：祖秀、元广、德祥、继朗、圆隆、皈一、清林、通遂、常杰、本洪

监修：觉成

知坛（坛字存疑）：澄性、德耀、法秉、洪慈、广定、性学、庆修、宗瑞、祖正、圆音、昭□、源宏、德善、净福、满通

值岁：复航

寮元：源盛

贴案：寂定、道文、圆心、常明

巡照：明法

茶头：隆池

火单：遂贵、行觉

菜头：觉安

照客：隆参、应欣

铺堂：如见

杂务：昌荣

行堂：性容、祚深、通慧、普霞、照忠

巡山：宇天、智道、道胜、祖福、真宇、祖智、觉传、通法、福全

清众：□□、□□、□□、觉弗、如伦、通顺、弗慧、如悟、真妙、隆正、圆祥、大辉、灵明、祖照、续善

天然纲大约在咸丰、同治年间出任昭觉方丈，可见此写有西序的

大梁，当在咸丰年间落成，后来也出任过方丈的几位寺僧，在当时，慧林是昭觉寺的知藏、皈一是侍者，而还是贴案的常明，当时或许才十七八岁的年纪。

因为天信中恂和常明事件，这一段时间，许多方丈都视住持寺院这一职位为苦差。1946年，方丈智光被僧众强迫退院，柔弱的慈清则被挟持拥座，无论如何也不愿意当这个一寺之主的慈清，拒绝不成竟然泣不成声。

1949年12月30日，从昭觉寺西门外的川陕公路经过的贺龙率十八兵团，挥师从成都北门入成都，宣布了成都的解放。当时，昭觉寺也成为解放军十八兵团政治部与野战医院的驻地。此时，经历了民国乱世的昭觉寺，早已破败不堪，但仍存有山门、八角亭、天王殿、先觉堂、圆觉堂、御书楼、观音阁、涅槃堂、藏经楼及圆悟的墓园等。[①]唐智芳说，那时候，在八角井附近，还有一雄一雌古银杏树，当时昭觉寺有三千多亩地，一直拉到赖家店，是新中国成立后青龙场“最大的大地主”。

昭觉寺的田产充公，彼时还有慈清、定慧、果宝、清证和常寂、佛智、本光、源法等寺僧五十四名，分得田产39.27亩，地产17亩。土改期间，佛智被遣返回新繁华林寺。

1956年，昭觉寺自己成立了农业生产队和淀粉加工坊。三年困难期间，还无偿向周边的生产队提供红苕种一万余斤、红苕藤数万斤，支援生产。监院广隆法师还被评为全省劳动模范。1957年，原草堂寺

① 文闻子.《四川风物志》. 成都：四川人民出版社，1985.

▲ 图为1958年8月2日，成都六中的女学生和教官于昭觉寺军事野营第一期闭营纪念。照片背面，注有“1958年于成都昭觉寺留念” 林元亨收藏

的僧人也被集中安置在昭觉寺里。在“大跃进”时期，为响应国家号召，昭觉寺将所有能捐献的金属都捐献给了国家，同时，组织僧人积极参与同天主教、道教等教友共同兴办硝厂、农药厂等活动。1960—1961年，昭觉寺曾经一度变成畜牧场，经过慈清等僧人们的抵制，一年后停办。1965年，“四清运动”在昭觉寺办培训班。1967—1969年，在昭觉寺开办“四川省委政治学校”，关押“最大走资派及文艺黑线人物”，一共是三年多时间，里面关押的都是一些大人物，当时当地的老百姓都晓得，昭觉寺门口都是持枪的士兵看着，每个月的

二十号是探视的日子。

当时的四川省委书记杜心源，其女在《艰难的奉献：杜心源纪念文集》中有过记述：

> 父亲在锦江被关押了310天，于1968年6月21日下午被关押到了昭觉寺。……最初，我们都不知道父亲他们被关押到什么地方去了，一直到了这年的深秋初冬，突然通知我们直接把东西送到昭觉寺。知道了父亲的下落，悬着的心也才放了下来。被关押在昭觉寺的人员，除了李井泉、廖志高以外，四川省最大的走资派及文艺黑线人物基本上都关押在这里。如：省委书记赵苍璧、许梦侠、杨超、杨万选，大西南三线建设办公室副主任程子华、邓华，西南局宣传部部长刘文珍，西南局统战部部长程子建，李井泉的夫人、省轻工厅厅长肖里，廖志高的夫人、省妇联主任郑瑛，原省委常委、省化工厅厅长苗逢澍，成都市副市长米建书，成都市建委主任郭付人，西南局农办副主任史立言，西南局宣传部副部长、著名作家马识途，省作协主席、著名作家沙汀和著名作家艾芜、外交部大使彭光伟（原省总工会主席，从北京揪回四川批斗）等人。最多的时候关押了30多人，包括地质学院的学生、造反组织的头头伍陵江和个别军队干部。①

1968年8月，艾芜被关进昭觉寺。《成华坐标》一书对艾芜这段

① 《艰难的奉献：杜心源纪念文集》（下卷）第八章“文革记事·寺庙监狱”. 吴得民、卢耸岗主编. 成都：四川人民出版社，2011.

经历略有记载：

当时关人的房间日夜上锁，只有放风的时候会打开半小时。平时在屋子里也不允许随意走动。即便是天冷了，想要加衣服也必须先向看守的武装军人报告，获准后才能拿衣服穿上。如果是没有事先报告就自行加衣服，就会受到罚站等处罚。晚上睡觉的时候是不允许把双手放进被窝的，因为害怕人犯在被子里自杀。艾芜在其文章中对此用了一句很灰色幽默的说法：那是怕被关押者的灵魂逃走。……

据记载，昭觉寺监狱的牢房是“不夜”的。一到晚上，每间牢房的灯都被打开，即便睡觉也不允许关灯。这样做的目的就是为了便于看守人员监控屋里的动静，说到底还是怕关押人员自杀。艾芜曾自嘲地说：“我们真有福，生活在光明世界里。”遇到停电的时候，艾芜他们就会被集体叫出房间，坐在屋外街沿上等待天亮。每个人面前还会点上一支蜡烛。夏天遇到这种情况，每个人都是蚊子的大餐。冬天遇到停电则更可怜，关押人员就这样坐在寒夜里，手脚冻僵了也不能起身活动。①

据艾芜回忆，进入昭觉寺的牢房，每天有五次要向最高领袖祷告祝福。“大家在早上起床，都要赶到最高领导像前，喊一两句语录，甚至非语录也可以，如喊一句：‘红军不怕远征难’，接着就喊：

① 《成华坐标》. 成都市成华区地方志办公室编. 北京：新华出版社，2015.

'毛主席万岁万万岁'，接着又喊：'林副主席永远健康'。"[1]对于这段经历，艾芜写有一首打油诗："禅房变牢房，共产党人变和尚，天天都把经来念，只是没有木鱼响！"[2]谭兴国在《艾芜评传》中这样写道："在这长达三年半的牢狱生活中，凸显出艾芜那坚忍不拔、柔里带刚的性格。表面上，他是一个'守规矩'的囚徒，每天埋头写检查，但涉及一些重大事件上，他却寸步不让。"同样被关进了昭觉寺的马识途，在《青峰点点到天涯——悼念艾芜老作家》中也提到艾芜在狱中的情况，"在放风时，我总见他那么坦然地散步，无牵无挂，优哉游哉，好像一切都不在话下……"[3]

高缨在一篇文章里，提及艾芜生前对他谈到过这段往事："你知道，'文革'中我被关进设在昭觉寺的监狱，失去了人身自由，亲友也不准见。专案组整天叫写'交代'，有时就被拉出去批斗。关在这里的都是大'黑帮'，大家的心情可想而知。……监房院子空荡荡的，连草也不长，唯独有一株山茶树。冬去春来，它开花了，几十朵，红艳艳的，大家常围着它看，觉得是囚禁生活中难得的乐趣；因为大家常寂寞得蹲在地上看蚂蚁呢！茶花整整开了一春，夏天来了，又是风又是雨，茶花一朵朵凋谢了，在泥巴里腐烂。后来只剩下一朵了，显得可怜又分外好看。我照旧去观赏它，生怕它掉下来。过了一夜，这朵花终于落到地上了，我蹲下来，把它捡起，悄悄夹在本子

① 曾智中、尤德彦编.《文化人视野中的老成都》，载艾芜《在昭觉寺》. 成都：四川文艺出版社，1999.

② 汪泽树、温志航.《流浪文豪艾芜》.《晚霞》，2013.

③ 谭兴国.《艾芜评传》. 重庆：重庆出版社，1994.

里，一直保存到出狱……”[1]

1968年3月，四川轻工业厅无产阶级革命派大联合指挥部、《省红联》轻工厅星火燎原战斗团大批判组编了油印材料《打倒李井泉的臭老婆三反分子肖里》。唐智芳说，佛学院那一排房子，就是政治学院。李井泉的老婆就是在昭觉寺上吊自杀的（艾芜记载说是吃安眠药自杀的），这个当时的青龙场人都知道。他记得，“二月镇反”[2]之后，大约到了1971年，昭觉寺门口，红卫兵和持枪的士兵就都走了。1972年打三反（“一打三反”运动），又在昭觉寺办培训班。

1966—1976年，昭觉寺“曾经一度被改为北郊公园”。1976年始，原百花潭动物园搬迁至昭觉寺，并在昭觉寺后山发展成今天的成都动物园。1982年，昭觉寺僧众到华林寺礼请佛智回成都与海空一起住持恢复昭觉寺的工作。1983年，国务院确定昭觉寺为全国汉族地区重点佛教寺庙后，实行寺园双方“划界筑墙，彻底分开”的决定。1984年春，佛智率成都昭觉寺38位僧众恭请清定回祖庭。1985年春，清定在龙泉驿石经寺讲经说法后，于六月初六回到昭觉寺，再一次在瓦砾杂草满目荒凉间，开始重建昭觉。

清定，俗名郑全山，浙江三门县高枧乡高枧村人，父亲名叫郑兴安，是一位坐堂的中医，母亲郑李氏，擅长吟诗作画，为书香门庭闺秀。清定兄弟三人，皆是“黄埔陆军军官学校”学生。

---

① 高缨．《超越苦难——怀念艾芜同志》．《中国作家》，1993年3期．

② 1966年1月28日，中央颁布《中央军委命令》（八条）下达，1月29日，成都工人革命造反兵团街道工业分团到市公安局“查抄黑材料”，此事被定为“冲击公安机关”的“反革命事件”，开始抓捕有关人员。

1941年，身为国民党少将的郑全山，在重庆慈云寺依澄一出家。澄一为其剃度并取法名清定。澄一法师说："有一个现成的名字，早就起好了，1902年12月16日，我做了一个梦，梦见浙江来了一个修持很高的老和尚，前世是清代末的道魁，住在我们庙里，他今世的名字叫清定，上清下定，我并不认识。在梦中我又觉得很奇怪。他在我们庙里住了没几天就死了，焚化他时，我举火的时候正是夜间十二点。我点着油灯查字典，'清'是清苦、清贫，救济清贫困苦的人，'定'是安定、定慧，六根定。这和我梦里所说的意思一点也不差，我觉得这很奇怪，就拿起笔来把这段梦情记在一本皇历上，并注明某年某月某日作此梦。你现在是一个军人，未皈依的将军，也是浙江省来的，正与这事相应。你皈依以前的事，如同老和尚已经死去。皈依以后的事，如同道魁转世名为清定。由我介绍得度，就取老法师今世的法名'清定'吧。"①

1941年冬月十七日，尊师嘱，清定赴澄一出家的成都昭觉寺，依定慧座下受戒。1942年，能海从西藏学密法归来，经宝光寺方丈贯一介绍，清定先后在文殊院、宝光寺、近慈寺随侍听讲。

能海，俗姓龚，名学光，四川绵竹县人。他早年考入四川陆军速成学堂，与刘湘同窗。曾在川军任职团长，39岁于新都宝光寺出家为僧，嗣后接法于佛源和尚。出家后不畏艰辛，两度入藏求法，礼西藏大德高僧康萨老喇嘛为师，尽得喇嘛显密法要、衣钵真传，获密宗格鲁派宗喀巴大师第二十八代嫡传。一生创建了成都近慈寺，绵竹云雾

① 牟秀云.《清定上师隐尘回忆录》. 成都：四川民族出版社，2000.

山，重庆、上海金刚道场，五台山清凉桥等多处密宗道场。其治庙法规森严，午后申时（下午六点左右）关闭庙门。一日干、稀两餐，苦度时日。每天丑时，僧人闻鼓而起，身披袈裟，在能海的带领下，上殿诵经，直至天明，从不懈怠，外来的挂单僧人也不例外。同时要求所有僧众诵经习文之余，都要参加寺庙五十亩自耕地的劳作，荷锄杖犁，日出而作，日落而息。

清定后跟随能海师，先后赴绵竹县西山云悟寺、彭县龙兴寺和太平寺，并遵师命，弘法于重庆、南京和上海。1955—1975年，受政治运动影响，以原国民党将军身份身陷囹圄。1975年，在周恩来总理的直接关怀下获释，后被平反昭雪。对于这段经历，清定总是一笑置之。

1985年，在残存的几间藏经楼和观音殿的颓垣断柱里，回到昭觉寺的清定，像当年的丈雪通醉一样，立下宏愿，要再一次重振昭觉寺。因为动物园迁入，大部分禅堂被挪做了饲养动物的馆舍，大雄宝殿早已被拆除，那株黄葛树，孤零零地站在天鹅湖里。破烂的殿堂里，只有九盏小酥油灯，五张佛图，别无一尊塑像。清定带着几个僧人，只能在藏经楼侧的陋室中暂时栖身，生活艰苦。然而，望着那株葱郁的黄葛树，一幅重建的画卷，已经在他慈悲的内心中，缓缓打开。

自1985年至1993年，在清定的筹资下，先后复修建成“山门”“天王殿”“地藏殿”“三圣殿”“大雄宝殿”“大师殿”“观音殿”“药师殿”“达摩殿”“先觉堂”“藏经楼”“八仙堂”“四众报恩堂”“客堂”“观堂”“禅堂”“钟楼”“鼓楼”“塔林”“东西两廊”“方丈室”“外宾接待室”“佛学院”“法物流通处”“素餐厅”“茶园”，修建“千手千眼观世音菩萨圆通殿”和僧人寮房、居士室外舍等共修房屋四百多间。

1990年，农历四月初八，昭觉寺举办大雄宝殿落成暨三尊大佛像开光法会。成都爱道堂住持隆莲法师庄严致辞：“今天是昭觉寺举办大雄宝殿落成及三尊大佛开光的法会，我表示热烈祝贺。我想起了清代道魁祖师的预偈云：‘树包碑，椰瓢飞；柱头落地祖师归。’如今，柱头早已落地，椰瓢早已不翼而飞，菩提树蓬勃猛长，早把石碑包得密密严严，纹丝不现。今天，祖师荣归啦！这位祖师是谁？他，就是道魁祖师转世再来的清定法师……”

康熙四十一年（1702），松潘大悲寺方丈竹峰出任昭觉寺方丈。竹峰升座时，松潘大悲寺送来一只硕大的椰瓢，悬挂在大雄宝殿檐下，以表其寺永为昭觉下院。佛冤补建大雄宝殿时，为了防

▲ 选自《定公上师永怀录第一册》（昭觉寺2018年刊印） 宗性收藏

震，在殿内设置四根柱子，据说靠外近门左侧的一根下端悬空着，离鼓形的石砧凳约一尺高。在隆莲和万众的眼里，石碑、椰瓢、立柱，都成了道魁偈语全部的答案。而这位归来的祖师，是一个怎样的修行者？

> 他每夜1：30起床，2：30第一个带头上殿。有时监院明念法师沉睡未醒，他走去，轻轻敲门喊道："明念师，明念师，起来上殿啦！"他念经直至6：30下殿。早膳后8：30上殿念经，超度直至11点下殿。下午接见学佛四众或干部、外宾。还挤时参加寺管会开会，听取僧众的各种意见。有时患病仍坚持上殿念经不辍。[①]

清定上师是素全的皈依恩师。在他的记忆里，老人家如童子般白净的脸上，始终挂着慈悲的笑容。他记得，有一年，他跟随贞意法师修行的石经寺照壁牌坊完工，要做一副对联，他便怀着忐忑的心情前去拜见恩师，想求老人家的墨宝。当时，清定正和昭觉寺佛学院的一帮学生在冬日的阳光下谈论"万里无云万里空"。素全站在旁边恭敬地等待了很久，清定突然很高兴地转过头面向自己的学生素全，微笑着大声地对大家说："走，选对联去。"于是，领着一帮学生，从寺院的正山门，一直走到连接动物园的后门，用庙里的一副副对联给大家上了一堂生动的课。最后，他挽起厚厚的棉

① 妙常.《高山仰止，缁素同钦——记成都昭觉寺方丈清定上师的嘉言懿行》. 转引自《清定上师隐尘回忆录》. 成都：四川民族出版社，2000.

▶清定上师像，选自《定公上师永怀录第一册》（昭觉寺2018年刊印）

袖，认真地写了一个小时，那副对联是：以正法相，实相，离相，见性成佛；本菩提愿，自利，他利，同圆种智。[①]

1999年6月22日，一生苦修的清定上师在昭觉寺圆寂，享年九十七岁。他的继任者，是演法，其自1983年于浙江天台山高明寺起，便随侍清定左右。

如果要听昭觉晨钟，要赶早。如果要喝昭觉禅茶，要赶早。如果要买昭觉锅巴，要赶早。昭觉寺，对于成都人来说，仿佛就是一个生活的现场。大雄宝殿面前有三百多年树龄的黄葛树，仿佛一个诺言、一个手势，而今，它依然树影婆娑……

① 释素全.《从容的人生：素全法师生命感悟》. 北京：九州出版社，2009.

名人遗迹

吴佩孚的一袭袈裟

民国二十年（1931）七月十六日，成都驻军的军乐队，以及邓锡侯、田颂尧亲率两军师旅团长和市政官员、士绅上千人，站在成都北门外驷马桥，迎接吴佩孚大帅。这个曾经叱咤风云的北洋直系军阀代表人物，曹锟说他，“只要洛阳（吴佩孚所在地）打个喷嚏，北京天津都要下雨”的“常胜将军”，这次，终于在国民革命军的北伐中失败。

1926年春，张作霖与吴佩孚弃嫌修好，签订反冯（冯玉祥）盟约，共同讨伐已占据直隶的国民军。如果吴佩孚选择修好冯玉祥，拥护孙中山的三民主义，又是怎样的一番境地呢？后人分析，这都怪他作为一个旧式文人，严守着对知遇恩人曹锟的愚忠，以致他对1924年第二次直奉战争中冯玉祥的倒戈，一直耿耿于怀。冯玉祥与张作霖的那次“合作”，在直系内部发动了北京政变，推翻了大总统曹锟，吴佩孚跟着战败，由此一蹶不振。民国十三年（1924）十一月，他为此写信给冯玉祥道：“与足下袍泽数年，以心相印，今被暗算，夫复何言！”正是对于冯玉祥的怨恨，他选择了和张作霖站在了一起，然而命运再一次嘲笑了他，这次，他一败涂地，输光了家当与地盘，以致最后不能在河南立足，只有仓皇流落四川。原以为可以在四川东山再起，然而一路走来，面对军阀混战、疲惫不堪的巴蜀大地，他早已心灰意冷。

这次到成都，是自民国四年（1915）入川与蔡锷的护国军交战以来，吴佩孚第二次在四川的逗留，只是，这次的时间，一晃就是五年。本来，民国十九年（1930），吴佩孚就欲出川的，但“虎落平阳被犬欺”，却被刘湘部王隆基师许绍宗旅阻拦，未能成行。

在成都，宴席、看戏、演讲、应酬数天后，吴佩孚来到了青龙场的昭觉寺，一时兴起，他不但披上袈裟照相，还吟诗七绝两首。[①]其一云：“善男善女并慈悲，忏悔年年志未移。此后深山同学佛，师徒夫妇莫相疑。”

或许是感到大势已去，在昭觉寺，吴佩孚真的有了一种把一切都交给佛祖来定夺的渴望，但他又是如此不甘心。这个曾经梦想以武力一统天下的秀才，他离成功就差那半步棋。这个首位亮相《时代》杂志封面的中国人，被《时代》杂志称为“Biggest man in China ”（中国最强者），没想到转瞬就成了过街老鼠、丧家之犬。一路走来，他表面镇定，但内心的凄惶，又能与谁诉？他错在哪里？失败，又因何而起？

1927年，蒋介石制造“四一二政变”，汪精卫制造“七一五政变”，疯狂屠杀共产党党员、革命群众和国民党左派，国共合作宣告破裂。

1927年，吴佩孚兵败，率卫队逃往四川。经河南邓县构林关时，吴佩孚的大帅威名依然管用，当地乡绅以好酒好菜热情款待。面对一

① 马宣伟.《吴佩孚在四川》. 长春：吉林文史出版社，2004.（但唐锡彤、安家正、吴德运诠释《吴佩孚诗抄》〈山东省历史学会编，烟台市新闻出版局，2009年版〉未见收录）

大桌丰盛佳肴，吴佩孚却没有丝毫的食欲。吩咐留下几个小菜，其他全部撤掉。“吴某多谢大家的好意，但如今，战火连绵，生灵涂炭，我们又怎能如此寻欢作乐？”说了一席类似的肺腑之言，令乡绅们对其更加佩服，于是人人都套近乎地向其求字求诗，这也正对了秀才吴佩孚的雅兴，自然概不拒绝。于是，在赠给乡绅杨星如的诗中，他写道：“民国军人皆紫袍，为何不与民分劳？玉杯饮尽千家血，红烛烧残万姓膏。天落泪时人泪落，歌声高处哭声高。逢人都道民生苦，苦害生灵是尔曹。”[①]

从南阳败走新野，吴佩孚带领残部及家属，一行数千人，取道南漳、保康、兴山、秭归，于7月13日进入夔门。之所以决定逃亡川东，是因为其曾经保荐过四川诸多将领，比如说当时占据川东的杨森，就多受其恩惠；刘存厚也是他委任的川陕边防督办。他心想，他们总会多少给些面子的，入川可以获得喘息的机会，可以重整旗鼓。

可惜的是，追随他多年、一定要和他共患难到底的秘书长张其锽，没想到才走到灰店铺，就死于樊钟秀部的匪徒之手。吴佩孚抚尸大恸，张其锽对他来说，不但是好友、兄弟，更是军师和知音。“子午，子午！你今殉国，我痛失左臂！”子午是张其锽的字。张其锽的死，给这支飘零之军一次极大的打击，也给吴佩孚的入川增添一抹悲壮的色彩。“吴的惊痛是不消说得的，他收敛了尸体，挥着痛友的泪，凄凄凉凉向襄河进发。”[②]

幸好，虽然前有匪徒，后有追兵，但靠着吴佩孚这张名片，道

---

① 一说该诗作于吴佩孚五十四岁生日。见《吴佩孚在四川》，第50—51页。
② 陶菊隐.《吴佩孚将军传》. 北京：中华书局，1941.

上竟然一路放行。直到在巫山界，看到从万县来迎接他的杨森，吴佩孚才长长地舒了一口气。四川，终于到了。天无绝人之路啊！他再一次，站在了四川的土地上。

在白帝城，住杨森为其安排的西式洋房永安宫。兴之所至，吴佩孚写下《入蜀》一首："曾统貔貅百万兵，时衰蜀道哭长征；疏狂竟误英雄业，患难偏增伉俪情。楚帐悲歌骓不逝，巫山凄咽雁孤鸣。匈奴未灭家何在，望断秋风白帝城！"《垓下歌》是项羽的绝命诗，吴佩孚把典用在《入蜀》诗里，可见其无路可退、破釜沉舟的心境。

在白帝城，吴佩孚还另有诗一首："万山拱极一峰高，遁迹何心仗节旄。望月空余落花句，题诗寄咏猗兰操。江湖秋水人何处？霖雨苍生气倍豪。笑视吴钩自搔首，前途恐有未芟蒿。"

27日，为了帮吴佩孚"来川做客"打声招呼，《国民公报》发表了杨森于7月22日给四川各军的电文：

特急，重庆刘总指挥甫公，赖军长德祥兄，绥定刘督办积公，成都刘军长自乾兄，邓军长晋康弟，三台田军长颂尧弟，暨各军师旅团长诸兄均鉴：顷接吴玉老号日由夔来电开："万县子惠弟鉴：举世滔滔，乱靡有届，欲资游憩，名胜为宜。因念蜀中山水，半属旧游，而蜀中将领又皆旧雨，业于号日间道抵夔，暂憩此间，专事徜徉，不闻理乱。甫澄、积之、晋康、自乾、德祥、颂尧诸兄处及各师旅长等，乞弟为之道意。一俟秋凉，溯江而上，再叙旧欢。特电奉达，即希注察。小兄吴佩孚号印"等语。窃玉老自解除兵后，久已厌弃时事。此次挈眷到川，纯系游历山水，并无政治作用。森拟俟其暂住夔门稍事憩息后，或当送往西行。诸公均属袍泽旧谊，当不让弟独为东道主也。杨森叩养印。

然而，四川人民似乎并不是那么欢迎这位北洋军阀的“孚威上将军”，至少，当时把持着南京国民政府的蒋介石并不希望吴佩孚成为四川众军阀的座上宾。1927年8月20日，一纸以中国国民党四川旅沪同志会名义的讨吴通电从上海发出。电文说：“吴逆佩孚，穷兵黩武，罪恶滔天，罄竹难书，不惟乱国，亦且祸川。查川中军队同隶青天白日旗帜之下，应立即予以拿办，治以乱国之罪，以谢国人……”电文还对窝留吴佩孚的杨森施压，“乃竟认贼作父，私与勾结，应予分别查办”。10月16日，成都少城公园，召开了“四川各界民众讨吴大会”，发表讨吴宣言，宣布其勾结英帝国主义祸国殃民罪恶三十条：“吴虽借口游蜀，眺览山川风景，暗地则广派代表四出调兵备饷，鸡公山之故技，其将谁欺？盼大张挞伐，共讨吴逆，系头献馘，以谢国人……”

吴佩孚在四川一待就是五年，虽然寄人篱下，但也走走停停，大多有人送钱花，吃喝也不用愁。“留川五年，长日读书、写作、吟诗、画梅”[①]，吴佩孚似乎又回到了其“秀才”的本来面目。他先后住过白帝城、万县、广安、大竹、绥定（今四川达州）等地，其中在绥定住得最久。一路上，多以寺庙为办公和隐居之处，如在大

① 章君谷.《吴佩孚传》（上下）. 北京：团结出版社，2007.

竹云台山笠竹寺、绥定檀木场关帝庙、绥定城内龙王庙、绥定河市坝大兴寺、宣汉下八庙等。当然，但凡当地庙宇，只要能够去游玩的，他自然都要去一趟。所到之处，卫队随从，迎来送往，他依然像个明星一样。

不过，其间也有不顺心的事情。比如，1928年6月，在大竹，邓锡侯部师长罗泽洲指示手下熊玉璋率领部队，缴了吴佩孚卫队的械。虽然僵持一天，但强龙压不过地头蛇，吴佩孚只好忍气吞声，吩咐众手下留下保命的家伙，方才脱身离开大竹，前往绥定投靠刘存厚。这件事，对于叱咤风云的“中国最强者”“孚威上将军”来说，可谓极大的羞辱，如鲠在喉。

在赠刘存厚的诗中，很能说明吴佩孚入川后的这种复杂的心情：“方寸纠纷俗累萦，无端怅触笔花生。人因落魄寻知己，诗写牢愁见性情。孝水梦回千里曲，蜀山月挂一勾轻。枕边莫恼鸡声恶，催起刘郎趁早行。”事实上，吴佩孚入川后的许多故事，多为演义，但从诗文和电文中，的确能够一窥其当时真实的思想状态。

作为“失败者”的北洋军阀，他们只是生逢乱世，但吴佩孚作为其中的一员，一言一行，的确又有许多和其他一些“失败者”不一样的地方。

1919年，全国爆发了反对《巴黎和约》的“五四运动”，远在南岳衡山的吴佩孚，直接向当时的大总统徐世昌发出通电：“青岛得失，为吾国存亡关头。如果签字，直不啻作茧自缚，饮鸩自杀也。”并表示“卫国是军人天职，与其签字贻羞万国，毋宁背城借一。如国家急难有用，愿率部作政府后盾，备效前驱”。当北洋政府对爱国学生进行大肆逮捕时，他认为："大好河山，任人宰割，稍有人心，谁无义愤？彼莘莘学子，激于爱国热忱而奔走呼号，前仆后继，以草击钟，以卵投石……其心可悯，其志可嘉，其情更可宥原！"数日后，他又致电南北双方将领，联名通电反对政府签约，表示决不许出卖祖国的主权！不能让强敌将我山东家乡当肉吃！身为山东籍的军人，我愿和日本决一死战！

"北望满洲，渤海中，风涛大作。想当年，吉黑辽沈，人民安乐。长白山前设藩篱，黑龙江畔列城郭，到如今，倭寇任纵横，风云恶！甲午役，土地削；甲辰役，主权堕！叹江山如故，夷族错落。何日奉命提锐旅，一战恢复旧山河，却归来，永作蓬莱游，念弥陀！"这是吴佩孚为自己的部队填写的军歌《满江红·登蓬莱阁》。

民国初年，国会参、众两院从南京迁到北京，在宣武门资政院旧址办公。1923年，因办公场地狭小，渐渐不敷使用，政府遂秘密计划将参、众两院迁往紫禁城太和、中和、保和三大殿，决定拆掉三大殿改建为西式议院。5月20日，当时，远在洛阳的吴佩孚闻听消息后，马上发了一封电报给总统黎元洪、内阁总理孙绍增、内务总长高凌爵、财物总长张弧："……据云，百国宫殿，精美则有之，无有能比三殿之雄壮者。此不止中国之奇迹，实大地百国之瑰宝……若果拆毁，则中国永丧此巨工古物，重为万国所笑，即亦不计，亦何忍以数百年故宫，供数人中饱之资乎？务希毅力维一大地百国之瑰宝！无任欣辛，盼祷之至！"很快，各地报刊载了吴的呼吁，激起了全国人民的同声反对，故宫三大殿方才躲过了灭顶之灾。

1924年，败军之际，手下建议吴佩孚逃入天津租界躲避，他厉声斥之："堂堂军官，托庇外人，有伤国体，乌可为者！"英美等国银行表示，愿意借款给他，并且不需要抵押，支持他东山再起，结果被他断然拒绝。此前，在洛阳最风光的时候，苏联更是想把他扶植为"中国王"，他毫不犹豫地拒绝了。

1925年，在汉口，日本人探询他有无东游日本之意，他回答道："我连租界都不住，谈何去日本！"1927年，在奉节白帝城，日本人又派特使找到他，答应给他钱和武器，帮助他报仇雪耻，恢复霸业。他的回答很干脆："这是我们中国人自己的事，用不着外人插手。"1931年，"九一八事变"后，日本帝国主义扶植溥仪搞伪满洲国，他当即通电反对。1935年，日本侵略者策动汉奸搞华北自治，请吴佩孚做"华北王"。吴佩孚愤然作色道："自治者，自乱也。"

1932年10月，离开成都后，吴佩孚定居于北平的什锦花园，靠"世侄"张学良给"补助费"维生。"得意时清白乃心，不纳妾，不积金钱，饮酒赋诗，犹是书生本色；失败后倔强到底，不出洋，不走租界，灌园怡性，真个解甲归田。"这是他对自己生活的自况。然而，好景不长，1937年"七七事变"之后，北平被日军占领，吴佩孚只能靠日伪的资助生活。①"国耻传来空有恨，百战愧无国际功。无泪落时人落泪，歌声高处哭声高。""欲将诗酒遣良时，遥望南天泪已垂。一语寄君应努力，满盘棋局仗谁支？"此时，我们已经分辨不清，现实和诗歌中，哪个是真实的吴佩孚了。

1939年12月4日，吴佩孚因吃饺子被骨屑伤了牙龈，入日本医院

① 张星煜.《吴佩孚为什么被神话成"民族英雄"？》.《中国国家历史》，2016年12月19日.

治疗，后不治身亡。

后代孙辈记述了吴佩孚离川后，在北京的晚年生活：

先祖父晚年闲居，但过的并不是“寓公”式的生活：衣无华贵，食无珍馐；中外银行无存款，家无金银、珠宝、古玩；既无三妻四妾，又无成群奴仆；没有商行店铺，没有公司股票，除住宅外也没有其他的房地产。

先祖父平时不大步出庭院，也很少与家人亲眷一堂同聚。每天的正餐，总是与旧部及幕僚们共进，或接待来访的宾客。仅在一年一度的除夕，才和家人一起吃一顿团圆夜饭，继而领导阖家进行祭祖、辞岁、拜年等例行的一套传统的节日礼仪。全家人依次行过拜礼之后，再与家人一起观看一会儿庭院中燃放的烟花爆竹。子时之后，远近亲族、宾朋、幕僚、部下等即络绎而至前来拜年，此时先祖父便被奉劝安歇去了。于是这短暂的家庭团聚即告结束。

回想先祖父的晚年生活，其主要活动内容大致有以下几项：

一、听取专人汇报由各国电台播发的世界新闻，阅读秘书从中外报刊、电台中选编的有关重大政治、经济、军事内容的“摘要记录”。

二、与幕僚和部下（主要是正副参谋长、八大处长）谈话。

三、会客。

四、书画。先祖父擅长楷书与草书，绘画以墨竹、梅花为主。记得我家客厅就悬挂着他亲笔绘出的大幅墨竹与梅花，笔力道劲，气势磅礴。他还曾给我们兄弟各自画了一幅梅花中堂和一把檀香木折扇，扇子一面是墨竹，一面是楷字写的“孝悌忠信礼义廉耻是谓八德”，上面的题款分别是“孙儿运乾”和“孙儿运坤”①。

现在，我们再来梳理一下吴佩孚来川这些年，究竟都经历了什么？

1926年6月28日，张作霖、吴佩孚在北京会晤，联合起来组建北京政府。直奉联合攻下北京南口后，吴佩孚向南进攻广东；张作霖向北进攻北方的国民军。双方企图南北齐下共分天下。7月1日，广东国民政府北伐。北伐军势如破竹，连连得胜。10月10日攻下武昌城。吴佩孚逃往河南信阳。

1927年4月19日，武汉国民政府在武昌举行二次北伐。吴佩孚在国民军和北伐军的夹击下彻底失败，率残部逃往四川托庇于杨森。

1928年初，吴佩孚逃至云雾山笠竹寺。5月，邓锡侯部下师长罗泽洲包围笠竹寺，吴佩孚残部被缴械。12月21日，四川再次爆发内战，杨森、罗泽洲、李家钰、黄隐联合进攻刘湘。31日，吴佩孚自四川绥定通电声明与川乱无关。后因蒋介石的追逼，1931年，在邓锡侯“保护”下出四川，走甘南，年底到北平，住什锦花园，从此就再也没有离开。

《吴佩孚传》载，“民国二十年七月，吴佩孚到成都，住在北关

① 吴运乾、吴运坤.《先祖父吴佩孚的生前身后事》.《百年潮》，2004年4期.

外15里的一座大丛林——昭觉寺，为时两月，仍然是冠盖云集，门庭若市，访客络绎而至。”马宣伟《吴佩孚在四川》则记载，7月16日，吴佩孚一行从新都至成都，其被欢迎入城，卫队则被安置在城外昭觉寺。“17日上午10时，邓锡侯、田颂尧及二十四军师长冷寅东、司令黄鳌乘车到昭觉寺谒见吴佩孚。”可见当晚，吴佩孚即是住在昭觉寺。1931年，在昭觉寺迎接吴佩孚一行的方丈，当是了尘钦、觉照清、禅定明中的一位。

7月27日，吴佩孚离开昭觉寺，从灌县（今都江堰）秘密出川。在包头时，天津《大公报》记者曾访问吴对时局的看法，他拿过一张纸来，只写上了四个字——“和内攘外”。

“英雄不避杀身凶，何况空门老梵宫。偏有情丝难遽断，双行血泪洒秋风。”这是吴佩孚在昭觉寺，写下的另一首七绝，也是一个曾经梦想着在乱世以一己武力一统天下的“失败者”，临走对熹微晨光中昭觉寺“光大、觉悟”众生的一次回眸。

逆光里的大千画室

民国三十二年（1943）十一月，四十五岁的张大千偕二太太黄凝素、三太太杨宛君、儿子张心智（十哥）和心澄（澄澄）、侄儿张比德[①]、油工李复和大风堂弟子肖建初、刘力上等人，从敦煌回到了成都。从1941年春末起，历时两年零七个月时间，张大千完成了309窟敦煌石窟的编号工作，成为第一位完成这一工作的中国人。同时，他带回了临摹的279幅敦煌莫高窟壁画。

据杨诗云研究，自民国二十七年至民国三十八年（1938—1948），这十年间，张大千在成都借居的地方有桂王桥西街四十五号严谷荪贲园[②]、布后街九号附六号龚伟青（卿）小院、会府南街（今忠烈祠南街）尹昌衡公馆、东珠市街二十三号院、东郊沙河铺（堡）蓝荛屈别墅、北郊成都昭觉寺、西郊金牛坝张群别墅、郫县犀浦太和场钟家大院，以及灌县青城山上清宫等处。[③]

张大千的女儿“十一”张心庆也证实了这段四处借居的日子：

---

① 张比德，张大千四哥张文修之次子，过继给张大千二哥张善孖为子，排行张家第六。

② 实为原骆公祠街，今和平街16号，四川省图书馆宿舍内，贲园花园背后即是桂王桥西街。

③ 杨诗云.《张大千书画碑刻——四川灌县青城山记》.《内江师范学院学报》，2017年3期.

上世纪30年代到40年代末，爸爸常在各地开画展，收入不菲，但奇怪的是，我们家并不富裕。根据爸爸的收入，我们家完全可以购置田产，住豪门大宅，可我们的家却“富可敌国，穷无立锥之地”。家里的住房，全是租借朋友的。①

钱究竟去了哪里呢？一大家子的生活费用，需要开销。从敦煌莫高窟就开始跟随张大千学装裱并在其成都家里住过三年的李复，就有很深的体会。他说，张大千先生的家庭是一个人口众多的大家庭，仅夫人就有三个，回成都后又变成四个，大夫人曾庆蓉，二夫人黄凝素，三夫人杨宛君，四夫人徐雯波，儿女十多个。为了养活这个大家庭，他就得拼命地画画，然后把画卖出去养家。张大千先生在敦煌两年多，他不但要临摹，还要画一些画，“过一段时间积攒的画多了，就寄回成都卖掉，换成钱，养活成都的家口和在敦煌的开支费用”②。

在去敦煌之前，张大千一家及随行弟子、侍从人员四十余人，借住在贲园，有两年之久。这么多人，也可以想象张大千的生活压力。不过，除了生活开支，大部分的金钱，是张大千用来买了古画。从敦煌回来的十二月，张大千就率门人在成都将自己多年收藏的历代名画编成《大风堂书画目》，详记尺寸及题咏等，共约二百件，可见其收藏之丰。次年三月十五日，四川美术协会还为其主办了《张大千收藏

① 张心庆．《回忆我的父亲张大千》．《各界》，第185期．

② 赵榆．《接触过张大千的人向我谈张大千的事》．《中国文物报》，2015年10月9—23日．

古书画展览》。当时观者如云，甚为轰动。其中有巨然、苏东坡、赵子昂、黄公望、文徵明、沈周、唐寅、仇英、陈老莲、八大山人、石涛等人的精品书画170余件。[①]展览共进行了六天。作品之精令收藏界、美术界叹为观止。张群的私人秘书、山水画家冯若飞以“富可敌国，贫无立锥”八个字赠张大千。张大千观后又加了八个字：“一身是债，满架皆宝[②]。”

张大千还有三幅最心爱的收藏，对其来说是“富可敌国，贫无立锥”“南北东西长相随难分离”，但1952年，即将远行巴西的张大千，在香港通过挚友徐森玉的儿子徐伯郊，与时任国家文物局局长的

▶1932年，淞沪抗战爆发，张大千与二哥张善孖（左）移居苏州，于网师园殿春簃『大风堂』切磋画艺　明信片　林元亨收藏

① 王龙．《张大千图传》．武汉：湖北人民出版社，2005．
② 白巍．《画坛巨匠——张大千》．兰州：兰州大学出版社，1997．

郑振铎联系，经过周恩来总理特批，最后其以两万美元的低价，把这三幅国宝半卖半送地留在了祖国，这三幅五代的作品后来都成了北京故宫博物院的镇馆之宝，它们就是顾闳中的《韩熙载夜宴图》、董源的《江堤晚景》和《潇湘图》。[①]

从敦煌回来后，张大千并没有长住在贲园，很快就搬了新家。贲园有“成都天一阁”之誉，是著名藏书家严雁峰、严谷荪父子的藏书楼，盛时藏书达三十多万册。严谷荪后来把贲园的藏书悉数捐给了国家，这些珍贵的典籍现藏于四川省图书馆。

严谷荪与张大千交情很深，不但把贲园的二十多间房借给了张大千一家老小居住，还将院侧客厅改建成画室，特为其做了一张巨型楠木画案，对于其往敦煌和成都举办敦煌临摹画展，都赞助了一定的费用。

1944年1月25日，四川美术协会主办《张大千临摹敦煌壁画展览》，在成都的提督西街豫康银行大楼隆重开幕，共展出张大千临摹的敦煌壁画44幅。据其女弟子雷良玉回忆：“当时的展览获得了极大成功，1月25日是农历正月初一，门票虽高达50元一张，但参观的人络绎不绝。结束时间不得不从31日推迟到2月4日。”[②]雷良玉当时还没有成为张大千的学生，其丈夫胡立是该年七月才在青城山拜张大千为师，关于展览的细节，当是二人后来的听闻。

这次在成都的敦煌临摹展，四川省立艺术专科学校的两位学生

---

① 赵榆．《接触过张大千的人向我谈张大千的事》．《中国文物报》，2015年10月9—23日；一说是4万美元，见王龙．《张大千图传》．武汉：湖北人民出版社，2005．

② 钟茜．《张大千的成都岁月》．《成都晚报》，2014年12月6日．

史苇湘、欧阳琳被张大千借去布展帮忙，因为耳濡目染和受到张大千的鼓励，并经沈福文老师的推荐，欧阳琳、史苇湘先后来到莫高窟，这一对伉俪迷上了敦煌艺术，后来把一生都奉献给了壁画临摹工作和“敦煌学”[①]。

这一年的五月，由西南印书局正式出版了《张大千临摹敦煌壁画展览目次》一书。该书是两位弟子罗新之与刘君礼遵师嘱，根据张大千在敦煌考察时所写的笔记资料编辑整理而成，详细记录了每件展品出自莫高窟（或榆林窟）的第几窟、壁画时代、名称、尺寸大小、同参加临摹者之名，以及张大千对该画的历史考证、艺术分析等重要信息。

张大千书画鉴定专家、四川博物院首席专家魏学峰，在接受采访时说，抗战期间，大千先生在青城山住了三年之久。期间，他生活得十分平静，并富有情趣。白天，他与朋友或道士们一块儿出去逛山观景，或对物写生；晚上，则在灯下吟诗作画，写字读书。这正如他在一幅山水画上所题：“雨后同马真人小步观日亭畔，丈人峰在烟云掩映中，绝似一幅方壶墨戏也，归即用其法写之。庚辰八月，青城上清借居，大千居士张爰。”在青城山，张大千的创作也达到了一定的高度，其作画不下千幅，并自刻“青城客”“上清寄居”印章以示纪念。

1944年8月8日，这一天立秋，张大千在上清宫作《红叶小鸟图》，题诗并跋：“槲村双猿易元吉，梨花鸠子云溪翁。解道青城好

① 赵榆．《接触过张大千的人向我谈张大千的事》．《中国文物报》，2015年10月9—23日；李超．《敦煌学大师史苇湘欧阳琳伉俪魂归莫高窟》．《兰州日报》，2017年3月24日；都一鸣、宋芳科．《守住一生热爱　欧阳琳只倾心壁画临摹》．《西部商报》，2016年3月29日．

颜色，玉山照耀晓霞红。坐第一峰亭子，东观日出，西望雪山，郁为双绝，漫以此画代之弘公。”又记云：“青城槲叶未霜先红，烂若朝霞，以予所养白玉鸠立于枝头，粉光霞彩相映，带如观滕昌佑画图。惜（高）岭梅未来为我写真，拈笔记此，有愧传神。甲申立秋，大千张爰。”

正是此年的7月，仰慕张大千已久的胡梦痕，独自上山拜师学艺，“当年，大千先生住在麻姑池畔的一间木屋，胡立就在他对面住下，跟着老师写生、绘画，最终得到先生的认可，后来还成为他的入室弟子。”雷良玉回忆。①

民国三十三年（1944）五月十九日，第三场《张大千临摹敦煌壁画展览》由教育部主办，在当时的重庆中央图书馆隆重举行。虽然，从兰州、成都到重庆，相继做了三次敦煌临摹画展，但从敦煌带回来的太多临摹画作，仍然需要一个足够宽敞和安静的地方来整理。于是，张大千把目光投向了北郊的昭觉寺。

魏学峰说，大千先生曾经在上海松江县禅定寺小北庵出过家，法号“大千”，因为这层缘故，与昭觉寺当时的方丈定慧法师交好。所以，有一段时间，他也是在昭觉寺暂住，“张大千在敦煌临摹的壁画几乎都是在昭觉寺整理的”。除了整理画作，张大千还一度将自己的大部分书画作品，存放在昭觉寺。“如今的昭觉寺，还留有张大千作画的画案。”当时，张大千住在昭觉寺的最后一殿，御书楼，就是现在藏经楼左侧的大师殿。

---

① 钟茜．《张大千的成都岁月》．《成都晚报》，2014年12月6日．

《重修昭觉寺志》载："御书楼。藏经楼之左，高五丈。上悬御赐'法界精严'四字。龛供历朝颁赐法宝。楼下竖御赐碑文及果亲王石碣。左右为班首禅寮，室小而精。芳池半亩，间以花竹。与楼台辉映于苍松翠柏间，饶有画意。康熙四十二年，佛冤修建，乾隆四十三年重建。"

张大千的长女"拾得"张心瑞则记得，1947年夏天，父亲租借的是昭觉寺的西塔院，"宛君姨，我和葆萝（心一）弟与父亲一同搬去，同去的还有外省来的门人何海霞、俞至贞、王慧男。几个家在成都附近的门人刘力上、罗新之、娄炯、龙国屏、胡梦痕有时也来昭觉寺，王永年、况锦华家境较困难，父亲让他们也住昭觉寺"。这次，张大千特别聘请了青海的藏僧来昭觉寺帮助调制壁画所需的矿物质颜料，两百多件临摹的敦煌壁画也被搬到了昭觉寺。"父亲要建初常来昭觉寺帮忙整理壁画，也把一些事情交给他去办。父亲的心愿是把这批壁画整理完成之后捐赠给四川大学，当时的川大校长黄季陆跟父亲是好朋友。从1946年到1949年，父亲频繁地举办画展，出门的时间也更多了，整理壁画的事情时续时停，最终也没有完成。"①

对于昭觉寺学画，罗新之则记得，大千先生作画时间很长，常至深夜，最后有时仅有他和张心智、张比德留在大千画室。张大千不仅教学生们绘画技巧，同时还关心他们的生活，常问他们有何困难需要帮助，大家都深受感动。

当时在《华西晚报》任记者的车辐，曾和几个媒体朋友一起，

① 张心瑞.《珍藏的记忆》. 见《中国壁画·四川美术学院卷》. 中国美术家协会壁画艺术委员会编. 南京：江苏凤凰美术出版社，2016.

分别有《大公报》特派记者张篷舟，《成都快报》罗芸荪、罗作阶，《中央日报》薛熙农，《黄埔日报》张君特，《新新新闻》谢趣生，相约去北郊昭觉寺的张大千画室，“嚼他一台”。他记得，“张大千曾住在昭觉寺的最后一殿，那是藏木版经书的地方。他携带徒弟、裱工、佣人、家眷及厨师等分住几间大屋子，画案上文房四宝，应有尽有。大千内室门口，拴了一条从西康带出来的长毛大狗，既肥且大，有如小狮，用粗铁链拴住，外人休想接近”[①]。民国三十六年（1947）七月中旬，张大千与老友、中央银行成都分行经理杨孝慈和门人王永年相约同游西康，不过车辐所见的“长毛大狗”，应该是张大千从敦煌带回来的两只藏獒之一。张心瑞记得，这两条藏獒，一条父亲为其取名“黑虎”，一条则名叫“丹格尔”。八月下旬，张大千返回成都，就住在城北昭觉寺，整理蜀西之行所作的诗画。车辐一行，当是在西康写生之后去蹭的饭。

定慧先后三次出任（1917—？、1937—1945、1947—1952）昭觉寺方丈，张大千应该是在定慧的第二个方丈任期时，来到了昭觉寺，并得到定慧的帮忙，而以御书楼作为其画室。

1944年12月，张大千在成都举行近作展，其中最受人瞩目的是四幅彩绘工笔仕女，即《按乐图》《春灯图》《采莲图》《读书图》，据说这四幅作品是张大千在成都郊区一个庙里画的。当时，他因与夫人吵架，一怒之下负气出走，来到这个庙里闭门用功数日，画出了

① 车辐．《川菜杂谈》．成都：四川文艺出版社，2010。但车辐文中记载这次吃饭是抗日战争胜利前两年的1943年，时间有误。张大千西康写生是1947年，1943年11月张大千才从敦煌回到成都，1945年正式把画室搬到了昭觉寺。

这四幅优美之作。[①]《画坛巨匠——张大千》里的这段记载，可以看出，张大千“玩失踪”的这段时日，当正是藏于成都北郊的昭觉寺。

至于吵架这件事，从李复的话中可以知道缘由：“张大千先生回到成都以后，有四位夫人围在他的身旁，就不像在敦煌那么安静自在了，特别是二夫人黄凝素喜欢打牌，张大千先生反对赌博，经常听到张大千先生住的屋子吵架。有一回张大千先生住的屋子吵得很厉害，后来听说动了手，二夫人黄凝素用画画的镇尺打到张大千先生的胳臂，张大千先生一怒出走，吓坏了这个大家庭，全家人四处寻找，最后还是二夫人黄凝素承认错误赔礼道歉才算了事。”[②]

或许是因为这段在昭觉寺难得安静的数日体验，最终让张大千决定把画室搬到昭觉寺。1945年，大约在年初，张大千的昭觉寺画室大功告成。

一生多次以张大千为模特儿的摄影家郎静山，其女儿郎毓敏说，在抗战时期，作为张大千的弟子，母亲雷佩芝还追随其赴峨眉山学画。“当时张大千与家人住成都昭觉寺，母亲住峨眉山顶廊里，完成大部分佛像与敦煌壁画。”[③]

据叶浅予回忆，在1945年，“抗战胜利的前夕端午节前，我和戴爱莲在成都张大千寓居的昭觉寺住了三个月，张大千画画时总是喜欢旁边有人与他闲谈，客人来来往往，作画不怕干扰，没有客人时，自

① 白巍．《画坛巨匠——张大千》．兰州：兰州大学出版社，1997．
② 赵榆．《接触过张大千的人向我谈张大千的事》．《中国文物报》，2015年10月9—23日．
③ 彭文蕊．《郎静山与张大千的书画之缘》．《南方日报》，2013年7月17日．

有学生在旁看画。我到了之后，不受拘束，在他的画案旁站了一个多月，学到不少手上功夫”[①]。1945年11月，抗战胜利后，举国欢庆，定慧方丈邀请张大千造本师释迦牟尼佛像与西方极乐世界教主阿弥陀佛各一尊，刻石成碑，立于寺中，以利世人供养朝拜。故作为佛教“清信弟子的张大千”，“敬为”图画，由昭觉寺住持定慧立石，蜀中镌刻高手杜旭泉敬刻，完成了今天存于普同塔殿中的汉白玉造像两品。

女儿张心瑞回忆，张大千1945年在昭觉寺创作，她和弟弟去陪父亲。张大千思念女儿了，张心瑞母亲黄凝素就让平时在家里帮忙照看孩子的邻居家徐二姐（徐鸿宾），帮着带了女儿去看他。这个时候，经教授林思进介绍，张大千已经举家搬迁至郫县太和场（今郫都区团结镇）永定村蔡家碾钟家院子居住。一来二去，这个和张心瑞同岁的徐二姐，后来成了张大千的第四任太太徐雯波。当时，杨宛君还在昭觉寺，就此事当面质问二人。黄凝素则为此，坚决地跟张大千离了婚。[②]也有人说，二人是因为麻将离婚。张大千曾经质问黄凝素：“你要麻将，还是要我张大千？”她竟然毫不犹豫地回答：“要麻将。”于是，两人矛盾激化，于1947年离婚。[③]据说，黄凝素后来和一个牌友结婚，但这段婚姻并没有维持多久。

不过，除了北郊昭觉寺的画室，在1948年前，大部分时间，张

① 赵榆．《接触过张大千的人向我谈张大千的事》．《中国文物报》，2015年10月9—23日．

② 詹皓．《张大千长女张心瑞藏品展讲述父女情，揭示不为人知的“大千世界”》．《新闻晨报》，2015年6月25日．

③ 司马戈．《内江之行散见之四：内江张大千》．麻辣社区（https：//www.mala.cn/thread-7580485-1-1.html）．

大千是住在会府南街（今忠烈祠南街）的尹昌衡公馆。据弟子雷良玉回忆，1947年春，为了拜师学艺，她和同窗蒙志萍拿着一封介绍信，乘坐一辆人力黄包车，忐忑不安地来到了成都会府南街的张大千住宅。没想到，张大千很高兴地就收下了两个女徒弟。他还吩咐侄儿张比德和正在学画的弟子胡梦痕好生接待。[①]后来，张大千又搬到了西郊金牛坝张群别墅。他走到哪里，弟子们就跟到哪里学画画。一年后，张大千就搬迁到了成都城北的昭觉寺居住，而大太太则住在东郊的沙河铺（堡）蓝荛屈别墅。在昭觉寺照料他生活起居的，只有三太太杨宛君。这一点，也可以从收藏家赵庆伟收藏的一套1947—1948年杨宛君和闺密们，以及张大千子女、弟子、好友在昭觉寺的合影和当事人书写的照片说明中可以佐证。[②]车辐也记得，那次拜访，大千画室内室有如花似玉穿阴丹士林布的女郎进出，他猜测也许是大师的“入室弟子”。

1945年，从敦煌归来的张大千“画风为之一变”，在成都昭觉寺，除了整理敦煌临摹作品，其还完成了许多经典之作，如巨幅作品《四屏大荷花》《八屏西园雅集》。另有《四屏西园雅集图》两种，也作于该年。其中，一幅题识云：“去年冬友人索写此图以代春帖子，因为敦迫甚急，草草于岁除完成之，殊不能继，顷者逭暑昭觉禅林，古树阴凉复制此本，要不入明清一辈也。乙酉夏月，蜀郡张

① 李崎.《一片冰心在玉壶——记张大千亲传弟子、著名国画家雷良玉的艺术人生》. 四川艺术网，2017年2月6日.

② 赵庆伟的雅昌博客.《张大千的三老婆是咱北京人》（https：/ / blog.artron.net / space-39719-do-blog-id-138299.html）.

爰。”而同时作的《虬松高士》，也作于昭觉寺画室。

六月中旬，端午节前，叶浅予偕夫人舞蹈家戴爱莲访印归来，在昭觉寺和张大千切磋技艺，共三个月。《画坛巨匠——张大千》里，对此有精彩描述：

> 一天，张大千在成都昭觉寺以四张丈二大纸，用了一天时间画了一堂荷塘通景大屏。叶浅予“见此气派，见此神速”，不禁大为吃惊，于是用自己的漫画笔法，画了一幅漫画，题为《丈二通景》，记录当时的情景。后来又连续画了《大画案》《唐美人》《起稿》《胡子画胡子》《聚精会神》等一共六幅，赠给张大千。这一组漫画以夸张的手法，极生动地刻画了张大千平日的艺术生活，可谓“形神兼备，妙趣横生”。大千对此图非常喜爱，题名《游戏神通》，1948年交由荣宝斋复印成套。谢稚柳曾在《丈二通景》上题道：“大千伏地写莲花丈二通景屏，其左持水盂者，为其女子子拾得[①]，右鞠躬捧砚者，其男子子罗罗[②]，袖手旁观者昭觉寺方丈定慧，张目决眥、两手插裤袋则制图者叶浅予也。”张大千还请冯若飞为这组漫画配诗。冯若飞在《丈二通景》上题：“丈二通景，荷花万顷，不忍池中捉大鱼，太华峰头看玉井。”在《大画案》上题：“大画案，大无外，大胡子，小

① 张大千大女儿张心瑞，在张家家族四个兄弟子女里分男女大排行，张心瑞排第十，故张大千称其“十女”，小名“拾得”，以“拾得寒山”之意，为二夫人黄凝素所生，李秋君的干女儿。

② 张大千之子张心一，又名张保罗、葆萝，和张心瑞是同父母姐弟。

若芥，通用无碍大自在。”在《唐美人》上题：“唐美人，姿态好，羡君于思毛满身，犹事便娟摹窈窕。”在《胡子画胡子》上题：“美髯公，络腮胡，三尺画，六尺躯，以胡较画知何如？”在《聚精会神》上题：“聚精会神，用志不纷，含毫邈然，吃墨水几升！”在《起稿》上题：“起稿起稿，以袖为扫，柳炭一除，美人画好，浅予旁观应绝倒。”为人风趣豪爽的张大千，常以此图与朋友共赏为乐。

1945年9月15日正午，国民政府第四方面军司令官王耀武在长沙岳麓山之岳麓书院，接受日本第二十军司令官板西一良的投降。同日，孙蔚如部进入武昌。从收音机里得知这一消息后，张大千欣喜若狂，在昭觉寺的画室大摆宴席，与家人、弟子举杯同庆。当天，昭觉寺向晚的余晖与蝉声里，他挥毫泼墨，画下满纸豪情的《喜浪摇荷图》，并题诗云：“夫喜收京杜老狂，笑嗤胡虏漫披猖。眼前不忍池头水，看洗红妆解珮裳”，以及题记：“乙酉八月十日，倭寇归降，举国狂欢，祉布道兄见访昭觉寺，为写此留念。不忍池在东京，为赏荷最胜处也。爰记。”不久，张大千又受定慧邀，为昭觉寺造释迦牟尼与阿弥陀佛像。

1947年作的《临流畅怀》，款识有“丁亥秋日仿宋人笔，写于成都昭觉禅林”之语。《临王叔明夏山隐居图》或就作于这一年的夏天。

1948年，在昭觉寺作《峨眉金顶图》，自云“固当以北苑南宫法求之，庶几传其天机离合之趣也”。又有《峨眉绝顶图》（或名《峨眉俯瞰图》），款署“戊子春忆写峨眉绝顶，俯瞰接引殿、雷洞坪、白雪寺诸胜，于成都昭觉禅林”。

1948年5月9日（农历四月初一），张大千五十大寿。因早年在安徽看相，命相家说其“须根窜过喉结，难过知命之年”，特让张大千“留意”。于是，这天上午，张大千前往昭觉寺中“避灾”。黄昏时分，川剧名角周企何等亲朋好友来寺接张大千回家吃祝寿宴。一行人乘坐黄包车进城，拉张大千的车夫年轻力壮，腿脚麻利，奔走如飞，很快就把众人甩在了后边。不料行至一路口时，与一迎面而来的汽车相撞，张大千只觉得自己一下子被抛出去了好远，“滚了几转，翻到路边上。起来拍拍衣服上的灰，毫发无伤。可怜那个年轻力壮的车夫当场就死了，黄包车也撞得稀烂”[①]。据考证，《峨眉绝顶图》或就作于张大千生日，“避灾”昭觉寺这一天。因为这一年春，张大千一直和新婚妻子四太太徐雯波住在金牛坝的张群别墅。

在采访昭觉寺和张大千关联的那段岁月时，我忽然发觉，需要提及一下张大千的几位家人。

先说张大千的大太太曾正蓉，“十一”张心庆的母亲。1953年，她担心张大千临摹的279幅敦煌壁画会霉烂损坏，于是经过张大千的同意，捐给了国家。现在，它们完好如初地保存在四川省博物院里，成为该院的一大珍宝。

曾正蓉是个不幸而又感性的人。可惜，张大千因为童养媳表姐谢舜华的早逝，而对她一直视而不见。她曾经为张大千生的是一个女儿而哭了四十天。在她去世前，脑子非常清楚地拉着女儿心庆的手说：

① 白巍.《画坛巨匠——张大千》. 兰州：兰州大学出版社，1997.

“十一，我和你爸爸的婚姻是你祖母包办的，你爸爸和我没有什么感情，但我们毕竟夫妻一场，在生活上他没有亏欠我一丝一毫，尽到了做丈夫的责任。我在家族里也做到了我该做的，上伺候公婆，下抚养子女。我们俩只是完成人生的这一幕戏而已。我从没有半点怨恨，这是命中注定的。”在她死后，女儿才看到她的日记：

> 我年轻时，坐在写字台旁等待我的丈夫回来；到了晚年，我依旧坐在这里盼望我的女儿下班回家，我一生都在期盼和等待中……
>
> 我今天真后悔，为什么要打小多毛（心健）？他是个孩子，调皮不懂事。婴儿时，父母就把他扔给别人，没人管。而我呢？长时间没和丈夫在一起，我们都是在感情上被遗弃的人，我们就是孤儿寡母，我们是一根藤上的苦瓜，我应该加倍地爱他才对。我发誓，今后再也不碰小多毛一根寒毛了。①

曾正蓉还为张大千生过一个女儿，可惜早夭。

1949年12月6日，张大千动用了所有的关系，最后在当时的四川省政府主席张群的帮助下，只弄到三张机票。他和徐雯波带上张大千与第二位夫人黄凝素的三岁女儿心沛（满妹），匆匆离开。

曾经一直跟随张大千的三太太杨宛君，因为徐雯波的取代，而备感失落。她和张大千并没有子女，此后，她的生活来源，一方面是张

---

① 张心庆．《父亲张大千与我的母亲们》．《爱情婚姻家庭》，2011年4期；张心庆．《我的父亲张大千》，北京：中华书局，2010．

大千断断续续给她寄些钱（“文革”时中断）；另一方面，她还把张大千给她的一些画拿来变卖。后来，她参加过西南铁路文工团，唱京剧。再后来，她独自回了北京，晚年和好友王清华租住在一起，每天靠画一些扇子之类的小工艺品卖，以及给外贸部门画包装纸过活。

徐雯波和张大千走时，把她七个月大的亲生儿子“小多毛”心健，托孤给了娘家郫县钟家场一位姓钟的装裱匠代养（徐雯波和张大千的第一个女儿张心碧早夭）。后来，生活艰难时，钟家把心健送到了大太太曾正蓉家。

“小多毛”心健中学毕业后，成了成都铁路局绵阳马角坝火车站的一名电工。1971年7月，因为恋爱被人攻击有海外关系，最终卧轨自杀。或许是心有所感，1974年11月24日，三哥张丽诚收到了其弟张大千的来信，张大千说：“……心健侄十年无音信，想已死矣，兄有闻否，倘有所闻，望告知，弟决不以此伤痛也……”①

然而，张大千至死都不知道心健的消息。1979年4月12日，在他立下的遗嘱中，将自己所作的书画分成十六份，由妻子徐雯波，儿子心智、心一、心玉、心珏、心澄、心夷、心健、心印，女儿心瑞、心庆、心裕、心娴、心沛、心声及第三位夫人杨宛君继承。这份遗嘱的名单里，依然有张心健的名字，但没有曾正蓉（已经去世）和黄凝素。

在昭觉寺期间，张大千所做人物画，多以隐士自况。也可见其在昭觉寺如鱼得水、如鸟归林的心境。然而，对于张大千来说，那只是

① 王亚法．《张大千和徐雯波的长子张心健之死》．

一段短暂的时光。在这里，他接待访友，和学生们一起画画，和儿女们耳鬓厮磨。

1947年一天，车辐等一帮记者约好到北郊昭觉寺的大千画室蹭饭：

> 中午开餐，大千说："随便吃吃、随便吃吃。"满坐一桌，却只有几样菜，可这几样菜的分量，也可抵一桌全席了！头一道菜是葱烧海参，大蓝花盘子盛着，是开乌海参发的，二指宽，如凉粉之嫩，足见高明厨师的技法。葱烧海参是北方馆子明湖春的地道做法；另外配有两大碗银丝卷，银丝卷当时只有明湖春一位姓庄的北方厨师能做，一个有二两，咬开皮内条条银丝十分爽口，川厨中只有荣乐园蓝光荣的白案可与之对手。第二道菜是大品碗三大菌烧鸡转弯及鸡尾。据说张大千最喜欢吃"鸡屁股"，一次在他的熟朋友家饮宴，上此菜时他用筷子指住鸡尾说："哪痛吃哪。"宾主怔然，不好下箸，于是张大千先下筷夹进口里了。大千爱说笑话，也有可能在吃鸡尾时说说笑笑而吞之乎。另外还有板栗烧鸡、红烧樱桃肉，颗颗发亮，火功到家。每菜分量均大，当一般上席菜两三倍，足使座上之宾大快朵颐。[1]

这一顿惬意的饭，五十年后的车辐说，而今回味，仍有清口水在齿颊间流动。

每到周末，弟子雷良玉则和蒙志萍[2]总是手挽着手，从文庙后街

① 车辐．《川菜杂谈》．成都：四川文艺出版社，2010.

② 蒙志萍，出身商贾之家，在四川省女子师范学校读第四期时，不幸因病早逝。

的四川省女子师范学校前往郊区的昭觉寺大千先生家中看画、画画，听大千先生评画、讲画。“老师最不喜欢学生穿西装，要求我们和他一样穿长布衫”，“老师痴迷川菜，最拿手是东坡肘子和粉蒸牛肉”，“老师总是一身布衫、布鞋、布袜。两道剑眉，一把大胡子，面色红润，一副和蔼可亲的样子。”这么多年，当年跟着大千先生学画的情景，依然历历在目，房间里永远是一张大画案，老师伏案作画，周围是或站或伏、或观或思的学生，“边画边教我们构图、勾勒、着色的要领”[①]。

也就是在昭觉寺的大千画室，文质彬彬的胡梦痕敲开了雷良玉的心扉。那是一个夏天的周末，雷良玉到昭觉寺看大千先生晒画：

> 烈日当空，酷暑难忍。一进门，师兄胡立正好打来一盆热水，恭敬地端到大千先生面前，准备请先生擦汗。见弟子雷良玉进屋，坐在椅子上猛摇着芭蕉扇的大千先生连忙示意弟子胡立：“快把脸盆端给你师妹吧。”随即，胡立轻轻地把湿毛巾递给了师妹雷良玉。看似一个简单的礼仪，却含蓄地表达了胡立的爱意。慢慢地，英俊的胡立悄悄走进了少女雷良玉的心中。从此，一粒爱情的种子，悄然在昭觉寺张大千家中吐出了嫩芽。[②]

1949年12月，张大千离开成都飞往台湾前夕，他对胡梦痕、雷

① 钟茜. 《张大千的成都岁月》. 《成都晚报》，2014年12月6日.
② 李崎. 《一片冰心在玉壶——记张大千亲传弟子、著名国画家雷良玉的艺术人生》. 四川艺术网，2017年2月6日.

良玉两个得意门生伤感地说："我主持不了你们的婚事了，给你们准备了20块银圆，你们自己去办吧。"

大女儿张心瑞记得，那一年的秋天父亲跟她说，他要去印度办画展，给家里准备了三个月的粮油。"放在昭觉寺的壁画和留在金牛坝的古字画，以及父亲自己的字画、粉本、文房用品等，一定要照看好。当时，父亲完全没有想到他这次出门就再不会回来了，更没有考虑要把这些字画物品留给家里任何个人。我们早已习惯父亲时常出远门，所以也没有觉得特别的依依不舍。"[①]

成都解放后，门人各自散去。不久，定慧方丈托人带信给肖建初、张心瑞夫妇，说大千先生存放在昭觉寺临摹的敦煌壁画恐怕不安全，要他们赶紧想办法搬走。1950年初夏，张心瑞和肖建初晾晒这批临摹壁画时，发现有些画已经有受潮的现象，遂感到事关重大，肖建初当即就去见了张大千的好友，时任川西博物馆馆长的谢无量，向他请教。

谢无量认为论保存条件，这批难得的画还是放在博物馆比较好，但是私人物品又怎能寄存在公家的博物馆呢？他们有点犯难。后来还是谢无量提出可以用为张大千办画展的名义，从家属手中把这批画借调给博物馆，这样就有个合理的说法了。事情商定后，肖建初和博物馆人员一起把这批画搬到了川西博物馆存放妥当。1962年，由文化部批示，这批敦煌壁画捐赠给了四川博物馆（今四川博物院），有关部门向在国内的全体家属颁发了奖金。1963年，张心瑞去巴西探望父亲

① 张心瑞《珍藏的记忆》. 见《中国壁画·四川美术学院卷》. 中国美术家协会壁画艺术委员会编. 南京：江苏凤凰美术出版社，2016.

时，向张大千谈及此事，张大千说，“这也很好嘛”。

据说，张大千为昭觉寺书写了一幅径逾两尺的横匾“变华严相”，可惜今已不存。今天的游人香客们，偶尔会从大师殿前走过，他们不会把其与张大千的画室联系在一起。

一生致力于挖掘大千文化的汪毅，在其编著的《大风堂的世界》里，收录着一张罗新之之子罗伦建收藏的照片：1947年1月1日，张大千在成都昭觉寺课徒，门人有王永年、张比德、娄次郊（娄炯）、刘君礼、胡梦痕、况景华，据说还有1946年从北京来川的何海霞，另有裱画师周龙昌。[①]一斜逆光，洒落在昭觉寺的大千画室，八个求知若渴的学生围绕在张大千周围。那种千余年来，中国画家传统的师父带徒弟、手工作坊式的课徒与学艺，永不褪色。正如车辐所见，“他红光满面，美髯飘拂……看他的弟子们作画，他在一旁指点”。

傍晚时分，跟随一群吃了昭觉禅茶散场的人，我步出昭觉寺。立秋后青龙场的街道上，满街霓虹与沉醉！七十年前，大千先生在昭觉寺，一边作画，是否一边会听见周边农人打谷声声。子规，在哪一树浓荫里，喊着一声声，不如归去不如归去。

① 该照片也见于刘爽《“国手”何海霞：金碧青绿山水大家的俯仰人生》，注明是“1947年1月1日，张大千在成都昭觉寺课徒，时何海霞在此，署罗伦建提供。”罗伦建，张大千弟子罗新之之子，四川成都人，早年学画，1986年曾组织参加四川红黄兰画展及画会，近年来积极参与油画写生活动。

青龙场走出贞意

记得在石经寺的一个中秋深夜，睡梦中的我隐隐听见有敲门的声音。起床开门没有人，走到方丈院子里，却看见师父在月下绕着百年双桂经行，恩师孤独的身影在月光下从容安详。师父看见我出来，便仰望着明月对我说：这样明亮皓洁的月色，我只在五台山的清凉桥见过。随着恩师的视线望去，天空明月如镜，圣洁如莲。

那夜过后没多久，师父就让我独自去五台山，一住就是五年。五台山，夜夜星光灿烂，夜夜月色皎洁。

而今恩师已经舍报，那夜如莲华的明月却一直深锁我心！

此轮明月何时有？

2009年，时任什邡罗汉寺住持的素全，为自己即将出版的《从容的人生》一书写序的时候，不由又想起了他的师父，那个月下的背影，一直让他是如此想念。

2008年的汶川大地震，素全以慈悲之心，力排众议，让什邡市妇幼保健院搬进了罗汉寺。当时，在寺院空地上，素全召集所有的僧人居士，立下了三个临时寺规，即“三个无条件”：一是无条件地接收所有的受灾群众，包括所有的待产孕妇；二是无条件地为保健院提供一切能派上用场的物品；三是无条件地给受灾群众包括孕妇提供吃住的东西。并向僧众阐明：出家人“见死不救”才是最大的忌讳，除此忌讳外其他忌讳我们都因环境而异。佛教不是一成不变的，没有一个固定的东西标榜在那，众生的苦难就是我们的苦难。[①]自5月12日到8月7日，罗汉寺内的临时保健院奇迹般地诞生了108个地震婴儿。虽然当时的条件简陋，但在罗汉寺里的每一个婴儿都得以顺利出生，没有一个婴儿被感染，没有一个出现任何问题。

▶ 贞意法师像　摘自画册《贞意法师与石经寺》，龙泉驿石经寺刊印

① 褚朝新.《素全法师破戒 108地震宝宝有生》.《新京报》，2009年4月24日；邓勃.《素全法师和108个罗汉娃》.《羊城晚报》，2010年4月24日.

在当时罗汉寺的一个个帐篷里，怀抱一个个出生的婴儿，彼时的素全，是否会感受到师父慈祥的目光？爱回忆师父的素全，在他的记忆里，师父总是一个经常拍着桌子骂他的老和尚。

这个老和尚，就是成都北郊青龙场人，龙泉驿石经寺、新都宝光寺方丈，贞意。

贞意俗姓叶，名荣生。据素慧记述，师父家人善良，父母淳朴忠厚，“十岁上私塾，读孔孟之书。青年时在郫县犀浦从幺爸学做生意，同时结识了觉觉佛学社的兴隆康居士，从此阅读佛经。心生欢喜，天天诵经念佛。二十一岁皈依昌圆老法师，法名隆恩。后遇昭觉寺传授三坛大戒，见佛像庄严，法会壮观，内心由衷欢喜赞叹，于二十二岁在近慈寺出家，由照通老法师披剃，从能海上师当年受戒”①。

对于师父的生平，师弟素全跟师兄素慧的记述略有不同，“师幼年是成都青龙场袍哥大爷的独子，却善根深厚，静而从容”：

恩师老家在成都的青龙场，其父亲是青龙场的袍哥大爷。所以师父没有出家以前，在青龙场就是很有名气的“超哥”，十几岁身边就跟了二十几个年纪和他差不多的年轻人，成天东游西荡，惹是生非。

有一天师父的父亲把他叫到身边，狠狠地将他揍了一顿，告诉他，老子是混账，你娃娃长大了不能当混账。于是，将师父送

① 释素慧.《纪念上贞下意大和尚圆寂一周年追思文》.

到郫县的犀浦镇跟其大爷卖干杂。干杂店旁边正好有家佛学社，叫觉觉佛学社，成天有法师居士出入。有一天师父好奇，就跑进去看，正好遇见昌圆老和尚在讲经，突然生起恭敬心，想学佛。觉觉佛学社的林长于是将师父介绍给昌圆老和尚，并皈依，取法名隆恩。

后来师父一有空就到佛学社楼上去读经书。有一天林长要去成都南郊近慈寺，问师父去不去，师父满心欢喜答应。到了近慈寺正好是中午过堂用斋时间，看见那些年轻沙弥托钵搭衣，个个目不斜视，无比庄严地从身边走过，非常欢喜，于是就留在了近慈寺随能海上师出家修行，最后成为宝光寺、石经寺两山方丈，四川省佛教协会会长。

师父回忆这段时光时说，要不是父亲的教诲，自己今天早没有命了，更不用说修行，因为当年跟他“超社会”的那些年轻后生，大部分都加入了反动帮会被枪毙了。[①]

听着昭觉寺梵音与钟声长大的叶荣生，即使曾经在青龙场有一段年少轻狂的日子，然而，在昭觉寺的那些黄葛树与青冈树的浓荫里，佛的种子，早已深入了一个人的灵魂。今天，已无从寻访青龙场的叶姓人家。我也很好奇，当时青龙场的袍哥人家叶家，经营着怎样的产业？有着怎样的势力范围？贞意生前没有多讲，只有他曾经给自己的侍者素全摆的一些闲龙门阵。青龙场文化站的老站长戴庆云说，他曾

① 释素全.《从容的人生》. 北京：九州出版社，2009.

经代表青龙场去石经寺拜访过贞意法师，他是叫叶荣生，青龙场的人，但不清楚他青龙场的家人。三河场、斑竹堰是袍哥窝子，但青龙场这边，袍哥并不多，主要还是场小。

从素全的记述看，贞意的父亲虽是青龙场的袍哥大爷，但却是一个较为清醒的“大爷”。1939年，成都郊区“望镇”的乡民们，目睹袍哥首领雷明远，在青天白日之下，将他十几岁的亲生女枪杀在河滩上；尸体被汹涌的河水冲走，但这冷酷的杀人案却留在了人们的记忆中。学者王笛在燕京大学学生沈宝媛的调查报告《一个农村社团家庭》里，发现了这户袍哥人家父女之间的悲惨故事。据王笛研究，这个“望镇”，就是“不但与成都县的那些场镇——犀浦场、土桥场、青龙场、天回镇等联系密切，而且与周围县的一些场镇如新繁县的龙桥等都有着密切的交往”的“崇义桥”（今新都大丰）。[①]

作为袍哥大爷，雷明远一天到晚都是在茶馆里面耗着。可以想象，他在茶馆里发号施令，又在茶馆里解决场上的各种社会问题。青龙场叶荣生的父亲，又是怎样的一个人物呢？苏家的茶馆、温家的鸭子店抑或狮子楼，是不是都是他常出没的地方？据温鸭子的后人讲述，清末民国初期，青龙场的三大家族是王家、张家和温家。叶家，似乎不是大姓。

由于在犀浦干杂店学做生意，叶荣生接触到了郫县三元场（今友爱镇积善村）金龙寺住持昌圆倡议成立的觉觉佛学社，认识了隆康林

① 王笛.《沈宝媛的调查报告》.《南方都市报》，2015年10月29日、11月3日.

长。二十一岁那年，他皈依昌圆法师，被赐法名隆恩。

昌圆是民国四川的一代高僧，其于1899年在郫县家乡的金龙寺披剃落发。1910年任金龙寺住持，后任大慈寺方丈。先后倡议成立郫县佛学社、觉觉佛学社，创办成都爱道学校、成都地藏庵尼学校、温江爱道学校等。1936年9月创办四川省佛学院。其弟子之盛为蜀中之冠，有定九、普坤、仁宽、能清、隆溥、隆光、隆恩（贞意）、隆康等数十人。

觉觉佛学社和昌圆，让从小撒在叶荣生生命里的种子开始苏醒。后来，在青龙场目睹了昭觉寺的一次三坛大戒[①]，以及被隆康林长带去认识了成都南郊石羊场附近近慈寺的能海，二十二岁的他终于由师兄照通披剃出家于近慈寺，与昭觉寺的清定一起，跟随师父在近慈寺修行。1953年，贞意随能海赴五台山。1958年，贞意法师返川，落脚绵竹西山云雾寺。1966年，“文化大革命”期间，贞意离开云雾寺，到生产队养蜂至1980年。1980年，贞意回到新都宝光寺。1987年，受龙泉驿石经寺永光方丈邀请，接任方丈。1998年，兼任宝光寺方丈。

贞意把所有的财产都交给了寺庙，或用于寺庙的建设，或捐赠给国家的赈灾、助学、扶贫等慈善事业，临终前还将一切积蓄留给了寺院，一生清水明镜。[②]今天的素慧，依然记得恩师的诸多言行，

① 三坛大戒：我国大乘佛教特有的一种传承仪轨，是一个人由发心剃度到圆成僧相过程中不可或缺的步骤。一个出家修行者圆登三坛，受持三衣、钵、具后，即是佛祖心法的传人，从此成为持戒的正式僧侣。其仪式庄严肃穆。

② 释素慧.《纪念上贞下意大和尚圆寂一周年追思文》.

叮咛耳边。贞意说："人身难得，佛法难闻。人生难得今已得，佛法难闻今已闻"，"人生无常，生命只在呼吸之间，一定要珍惜时光，做好人，修好行"，"不论在何时何地，都要以平常心去待人接物，要爱语暖人心，凡来寺之人，都要让他们生欢喜心，与佛结个善缘，这就是宏法利生"，"学佛不一定要出家，只要正信佛法，真心学佛，在家孝敬父母，教育好子女，夫妻相敬，家人邻里友好和睦，利国利民，起心动念都本着平常心，佛法不外求，就在于一个善念。"

"僧要像僧，寺要像寺"，"丛林养衲子，衲子养道德，道德保丛林"，这是贞意对素慧、素全等徒弟们的谆谆教诲。对于师父的严厉，素全记得老人家是常常拍桌子，尤其喜欢骂那些他喜欢的人：

当沙弥时，素全给师父做侍者，对师父的生活特别照顾，每天都要花很多时间到地里去摘最新鲜的蔬菜来做菜。有一天师父发火：你都出家了，成天只知道吃，要吃回家去吃。

素全有些恼火。此后，厨房做什么菜就给师父打什么菜，不管冷热软硬。师父发更大的火，拍着桌子骂：我们佛教尊师重道，你连师父的生活都不管，还有什么善根出家，滚回去好了。

"气得我快骂出声来：死老头子，这么刁钻，不出家了，懒得受你这个窝囊气。当晚就搭车跑回成都家中。"素全呵呵笑着说。晚上睡在床上，气消了，素全想回寺院，又有些不好意思。第二天一早，师兄打电话来：师父说了，寺院又不是菜市场，想来就来，想走就走，叫你马上回来。正好给台阶下，素全又回到寺院。

素全说，师父当面骂他，背后总是夸他。后来才明白，师父骂他是希望他成才。[①]

2003年3月16日晨6时，贞意在石经寺方丈室安详示寂，享年八十三岁。3月23日晨，在新都宝光寺荼毗，获骨灰及舍利，由两寺分别供奉。

今天，已经升座彭州龙兴寺住持的素全说，我至今也难以忘记恩师每次从山下回山上方丈室时，走在108级台阶上从容的身影。因为自己杂事多，每次上山，都喜欢过跑，跑得气喘吁吁的。但是和师父一起上山，就只得恭敬地走在后面，于是也学着师父的样子，背着双手，从容地一步步地走，走得是如此安稳。慢慢地，自己也习惯一步步踏实地走。

在贞意示寂时，政府考虑到交通安全，安排从龙泉石经寺直接走外环高速到新都宝光寺荼毗。素全感念恩师晚年常怀念年轻时在青龙场听昭觉寺钟声长大的时光，于是提出希望让恩师最后一程能路过青龙场的昭觉寺，领导接受了他的意见。素全记得，当送恩师的灵车队伍行至青龙场时，顿时大雨倾盆如注。[②]

要听见昭觉寺的晨钟，城里的人，要赶早，而对于像贞意这样的人来说，却是一种习以为常的生活。昭觉寺，之于青龙场人，是不是也像青龙包对于他们一样，一个是风水，一个是灵魂，而青龙场和昭

① 褚朝新．《素全法师破戒　108地震宝宝有生》．《新京报》，2009年4月24日．
② 释素全．《从容的人生》．北京：九州出版社，2009．

觉寺，则像两个容器，盛装着凡俗的悲欢，以及内在的安宁。

戴庆云说，2003年法师的灵车从青龙场经过，他也知道这件事情，那是2004年青龙场棚改拆掉的前一年。

那一夜，从昭觉寺的山门望出去，一位扫地的僧人看见，西边的天上有一轮皎洁的月。一株山桃花，在谁家的瓦檐下，就要开了。

青龙风景

1908年的川陕路口

在昭觉寺的山门，立着一个旅游指示牌，上面复制着一帧据说是昭觉寺20世纪初的老照片。然而，仔细琢磨，我却发觉这张照片不是昭觉寺的，它其实是法国诗人、汉学家谢阁兰在1914年6月3日拍摄的数张成都府文庙（文翁石室旧址，今石室中学内）之一。网上有人说这张照片是昭觉寺进山门后的三座桥，其实是张冠李戴。

在古代，有三座这样并列的桥，一般是文庙才有，寺庙较为罕见。《重修昭觉寺志》记载，昭觉寺前有龙眼池上的龙眼桥，桥下池中二洲分列左右曲水环抱如龙眼，以及寺前水环如带故名的玉带桥，寺中金刚殿内则有赛虹桥，但均没提到有像文庙牌坊之后泮池之上的“探花”“状元”“榜眼”三座泮桥。而谢阁兰拍摄的这张照片，不但是一组成都府文庙照片之中的最末一张照片，而且清晰可见照片中三座泮桥后的三门牌坊，加上其一为完整建筑图，有明显的出自《礼记》“致中和，天地位焉，万物育焉”的“中和位育”四字牌匾。对照1994年与春熙路大科甲巷的正心堂一起搬迁至金堂县赵镇（今金堂县文化体育局内）的成都文庙大成殿，除了不见了“中和位育”四字，建筑形态是一模一样的。其实，是谢阁兰游览了一番文庙之后，在往回走时，步出文庙之前，他拍下了眼中所见的成都府文庙的泮桥，而不是昭觉寺内的桥。或许，他压根儿就没有去过北郊外的昭觉寺。

20世纪60年代，北京摄影师郑鸣玉拍过一套成都的照片，其中有一张昭觉寺的大殿照。1947—1948年，杨宛君和闺密们及张大千子女、弟子、好友在昭觉寺的一些合影，以及张大千在昭觉寺为弟子授课的画面，都颇为珍贵。1937年6月，家庭周刊社出版的《家庭周刊》第142期，有一张署名鲁文辉摄影的《成都昭觉寺》，拍摄角度一般。

1907—1914年，驻成都的德国外交官弗瑞兹·魏司（Max Friedrich Weiss，1877—1955），拍下了成都许多地方；1908年，德国建筑学家恩斯特·柏石曼（Ernst Boerschmann，1873—1949）拍下了四川的大部分建筑；1909年，美国地质学家张伯林（Thomas Chrowder Chamberlin，1843—1928）拍下了成都的许多街市；1909年、1914年，法国诗人、汉学家谢阁兰（1878—1919）先后两次来到成都；1917—1919年，美国社会经济学家西德尼·戴维·甘博（Sidney David Gamble，1890—1968）经新都进入成都，拍下了许多精彩的照片；1923年，法国汉学家拉蒂格（Jean Lartigue，1886—1940）拍摄了成都平原的风景；1926年、1928年两次进入成都的《亚细亚大观》摄影师岛崎役治拍下了驷马桥等；1937年，瑞典考古学家安特生（Johan Gunnar Andersson，1874—1960）经过成都，拍摄了天回镇、峨眉山、武侯祠等；1941年，日本出版的常盘大定、关野贞著《支那文化史迹》卷十有四川部分寺庙。但很遗憾，他们都没有拍下关于昭觉寺或青龙场的留影。

那么，最早为这个地方留下存照的摄影师是谁呢？

这个人是英国植物学家、有“植物猎人”之称的欧内斯特·亨利·威尔逊（Ernest Henry Wilson，1876—1930）。1899—1911年，威尔逊先后接受英国维奇花木公司和美国阿诺德植物园的派遣，四次来到中国西部考察，三次来到了四川，并将数万份植物标本和一千多种植物种子带回了西方培育。其收集的植物中，最著名的要数被称为“鸽子树”或“手帕树”的珙桐、“高傲的玛格里特”黄花杓兰、“花中皇后”月季、“华丽美人”绿绒蒿、“帝王百合”岷江百合，以及后来成为新西兰重要栽培水果的“中国鹅莓”猕猴桃等。威尔逊赞叹道：“在整个北半球的温带地区，任何地方，没有哪个园林不栽培数种源于中国的植物”，“如果没有早先从中国来的舶来品，我们

▶昭觉寺的第一张照片，摄于当时川陕路口的昭觉寺东林园
［英］欧内斯特·亨利·威尔逊摄

的园林和相关的花卉资源今天将会何等可怜。”

从1997—2009年，中科院成都生物研究所研究员印开蒲，花了十三年心血，拿着一张张威尔逊当年拍下的照片，重走了“威尔逊之路”，他在原位置拍摄新照片，研究今昔生态和人文环境的变迁，并且出版了《百年追寻——见证中国西部环境变迁》一书。

据作家胡剑在《20世纪初：一个英国人眼中的四川》考证，威尔逊在四川境内（包括今重庆市）考察时主要选择了两条线路：一是陆路，从巫溪、云阳、开县到宣汉，经达州、巴中、仪陇、阆中、盐亭、三台、金堂到成都；二是水路，从湖北宜昌由长江经重庆抵宜宾，再沿岷江经乐山到成都。到成都后，他又先后从两个方向进入川西，一是从成都起程，经什邡、绵竹、安县、北川、平武、松潘、茂县、汶川、都江堰返成都；二是从都江堰出发，沿卧龙、小金、丹巴、康定、泸定、汉源、乐山返成都。在长达十余年的考察期间，威尔逊所到之处，都拍摄了许多珍贵的照片，详细记录了一百多年前四川的自然风貌和人文景观，记录下了成都平原、川西村落百年前的样子。①

1908年6月4—11日，威尔逊在昭觉寺一带逗留后，从昭觉寺出发，经过驷马桥和沙河上的三洞古桥，6月16日到都江堰，第二天到漩口，后经三江牛头山、卧龙、巴郎山、日隆、小金、丹巴、康定、雅加埂、海螺沟、泸定、化林坪、宜东、青溪、雅安，8月10日过邛崃，经新津、双流返回成都。

① 胡剑.《20世纪初：一个英国人眼中的四川》.《老照片》第九十八辑. 济南：山东画报出版社，2014年12月.

6月11日这天早晨，威尔逊拍下了昭觉寺内八角亭前的林荫道。这张图片收藏在其1913年出版的《一个博物学家在华西》一书的第二卷，原图的图注写道："A Cypress Avenue （Cupressus funebris），Chao-chueh Temple near the City of Chengtu. "译成中文是："成都昭觉寺内，一条柏树相拥的林荫道。"

这次，威尔逊会不会住在昭觉寺呢？但寺内的大树和寺院，似乎都没有更多地引起他的兴趣。林荫道这张很好辨认，我个人也收藏了一张民国无名氏摄影的昭觉寺内林荫道，几乎差不多的角度。当时，威尔逊拍完这张照片，离开昭觉寺，经过驷马桥和今高笋塘附近、二环路北四段的三洞古桥，然后穿城，过茶店子、郫县，往都江堰方向而去。昭觉寺，也似乎成为他这次出发的起点，这个路线图，倒是颇为特别。

在这之前的6月4日，或许是从成都出城的威尔逊一行，在这一天特意慕名来到了川陕路旁赫赫有名的昭觉寺。他拍下了昭觉寺的第一张照片，当时的川陕路似乎还是一条羊肠小道，路两旁翠竹葱茏，各有一座几乎呈对称的歇脚或做买卖的歇山顶半边亭建筑，一条清澈的小溪潺潺而过。翠竹下，一幢房子（幺房子）附近，一名戴着瓜皮草帽的村民推着"鸡公车"，其身后有一位婆婆和孙女，还有数位在货物堆里的村民，右边歇山顶半边亭建筑下，有似乎售卖东西的百姓，其后隐约还有两座错落有致的塔尖。近处，一名身着长袍布鞋的人回头张望着什么，其视线和摄影师威尔逊的镜头一致，仿佛在凝望来时的长路。

这张照片，有着典型的川西林盘、茂林修竹的影子。2007年，印开蒲开始寻找这张照片的位置。当时，威尔逊究竟是在什么地方拍下了这张精美的照片呢？经过数次寻访，当时昭觉寺已八十八岁高龄的常济师父，给他指出了照片中川陕路口的准确位置。看着这张照片里的场景，六十多年前就在昭觉寺出家的常济一眼就认出，照片里的农家小院属于昭觉寺的庙产东林园，是当年种菜僧人居住的地方。他说，后来成都动物园搬到此处时，修建了围墙，竹林也逐渐被砍去，原来的样子也就被人遗忘了。

幸好，1908年6月4—11日，威尔逊从成都出发之前，为昭觉寺拍下了两张至今可见的最早的存照。不过，也有人说从照片的编号判断，后一张照片拍于8月11日，但8月10日，威尔逊都还在邛崃，从当时的交通工具来看，一百多公里的路程，无论如何一天也不能走完，何况，他回成都的路线是过邛崃、新津，接下来是过双流入城，不可能又绕到北边的川陕路上，再次经过昭觉寺，从北门入城。所以，我更倾向于他是在6月4日拍了第一张川陕路口昭觉寺东林园的照片，6月11日临走之前，又拍了第二张，两张照片的光线明暗也差不多，当为同一段时间，也是明证。至于编号，或许为后人整理时，有所误记。

威尔逊为昭觉寺拍下了第一幅存照，那么紧接着的又有谁呢？

这个人，就是当时在四川省城高等学堂教授化学、地质和矿物学的美籍教员路得·那爱德（Luther Knight，1879—1913），值得大书而特书的一个人。他，为青龙场拍下了一张非常珍贵的照片。

川主庙与菜市

1913年4月19日，路得·那爱德，因带领学生去成都附近的彭县白水河铜矿冶炼厂实习，不幸传染上斑疹伤寒，由此引发肺炎不治而在成都四圣祠福音医院（今成都市二医院）去世，年仅三十四岁。当时，一份在四川出版的英文报纸对路得·那爱德的去世做了专文报道："作为优秀的摄影师，他拍摄了不少珍贵的照片。他希望将来有一天，通过这些照片能写一部回忆录，所以，他的这些作品都制成了精美的照片……"

那爱德去世后，曾葬于华西坝附近的南台寺D-7号墓地①，"先停厝于东门外的南台寺，后移葬北郊凤凰山"②，之后，这个为成都存照的摄影家，一直默默无闻。直到其曾侄孙来约翰到成都任教，逐渐了解有这样的一位曾叔祖父那爱德，并和好友王玉龙一起，经过数年的挖掘和考证，让一张张玻璃底片，重新显影在世人面前。至今，通过照片代理人、收藏家王玉龙的努力，已经出版三个不同版本的摄影集。我很幸运地集齐了这三个版本：《回眸历史：20世纪初一个美国

① ［美］来约翰．《我的曾叔祖父——那爱德》．《老照片》第二十六辑．济南：山东画报出版社，2003年8月。南台寺，清康熙年间，四周均为菜圃，为南郊游览胜地，张问陶曾于此处雅集群贤，临水赋诗，并绘《南台秋禊图》，后因火灾焚毁，原址在今成都新南门南台路附近，据传庙后曾有一大墓，名"花千总之墓"，为清末因擒拿石达开而有功的四川提督唐泽波为其爱马花千骢所立。

② 陈光复．《时光湮没不了的异彩——川大档案馆档案利用效益枚举》．《四川档案》，1994年4期．

人镜头中的成都》（2002年初版、2013年再版，中国旅游出版社），《华西印象——一个美国人1910—1913在西部中国》（2003年，四川人民出版社），《消失的天府（1910—1913）：美国教师路得·那爱德摄影作品集》（2009年，广西师范大学出版社）。每次翻看那爱德留给成都留给巴山蜀水的这些影像，一张张照片上的场景和面孔，你会觉得比起许多同时代的来华抑或入川的外国摄影师来说，那爱德的作品，多了一份质感、美感和温度，以及人和物固有的尊严和美好。

后来，选择定居双流的来约翰，终没有找到那爱德在凤凰山的墓地，不无遗憾。但相信他的灵魂和尸骨若有知，一定可以望见，不远处，山脚下青龙场的变化。数年前，我在天回镇借住的时候，也去过几次青龙场，但现在，城市化进程中的青龙场，早已天翻地覆。

幸运的是，那爱德是继威尔逊之后，第二个为这个地方拍下存照的人，而且让人惊喜的是，他也和威尔逊一样，至少已经发现有两张照片，可以确认是拍摄于一百年前成都北郊的青龙场。

一张是青龙场川主庙前的菜市场。

一张是菜市场川主庙墙壁布告前站着的一个衣衫褴褛的小乞丐。

一百年前的那个冬天，或许是在一个不上课的周末，或许是数次那爱德带着他的那部心爱的老式干版照相机，跟着学生抑或友人，走进了成都北郊的青龙场，为青龙场留下了两帧珍贵的影像。可惜不知为什么，他的书信里，没有提及对这个场的感受。我们只有以他的书信片段，来触摸其对这片土地包括对青龙场、昭觉寺的大致感受了：

我曾在几个寺院借宿过，有时圣坛上摆有巨大恶人，在月光下，打着手势，熏香扩散在浓重的空气里。有几次我为这些保护神拍照。夜里，这些森严的形象变得模糊起来，我睡得很香。（1911年7月14日，中国成都）

四川有很多美丽而伟大的自然奇观，野外很迷人。……空气中弥漫着芬芳的熏香味，和着闪烁的烛光，空气是流动的。晚上，钟声和念佛声回荡在流动的空气里。（1912年夏，中国上海）

据王玉龙讲述，一天，来约翰在仔细考证照片时，发现集市这

▲ 1910年或1911年，冬春之交的青龙场集市　［美］路得·那爱德摄　海波、王玉龙供图

幅照片的一面墙上贴的残缺布告与少年乞丐照片背景贴的布告是一样的。由此，他认为是同一个地点。他惊喜地把这个发现打电话告知了好友王玉龙，王玉龙又根据乞丐背后残缺布告上写有“青龙上保保正（保长）陈光烈，保副（副保长）李坤宜”等文字信息，结合老成都地图，并三次拿着照片到现场找当地老人进一步辨认，最后才确定这两张照片为同一个地点，即成都北郊的青龙场老集市场。王玉龙说：“为了这批老照片，我在四川先后拜访了有一百多位研究巴蜀民俗文化的专家学者，两次重走当年路得·那爱德先生的拍摄之路。”

> 小小年纪，不知做乞丐有多少年了。从身穿的布满补丁的衣服来看，相信他一定吃了不少苦。这是一张提供重要信息的照片。仔细观察小乞丐身后墙上贴的残缺布告内容，上有“青龙上保保正（保长）陈光烈，保副（副保长）李坤宜”等文字，证明拍摄这张照片的地点是成都北郊的青龙场老集市场。

在《消失的天府（1910—1913）：美国教师路得·那爱德摄影作品集》出版时，王玉龙为“青龙场小乞丐”写下了如上这段文字。

“1910年[①]，四川成都北郊，青龙场集市，俗称‘赶场天’，摆满下霜后收获的大萝卜”，“清末成都郊区及附近邻县约有场镇400个，农贸活动十分兴旺。”这是王玉龙给另一张“青龙场集市”配上的图说。

“他的摄影史料，填补了成都辛亥革命和城市可视历史的大量空

① 也有可能是1911年，集市和乞丐两张照片，或为同一天拍摄。

白。”对这批珍贵的文化遗产和历史存照，考古专家王毅评价：“这是成都近二十年来最大的地面文物的发现。”

那爱德还留下了数张拍摄于成都近郊农村的照片。菜园茅屋、牵黄牛的老农、农人们正在水田里插秧。他写道：“我穿过原始山谷、平原、高原、小山、河流到达肥沃的花园地，甚至绿地，看到辛勤的农民在田地劳作，他们都停下来看着外国人——多么新奇的表达——对于他们，时间的沙漏似乎辗转了几千次了。他们有父辈的故事，路

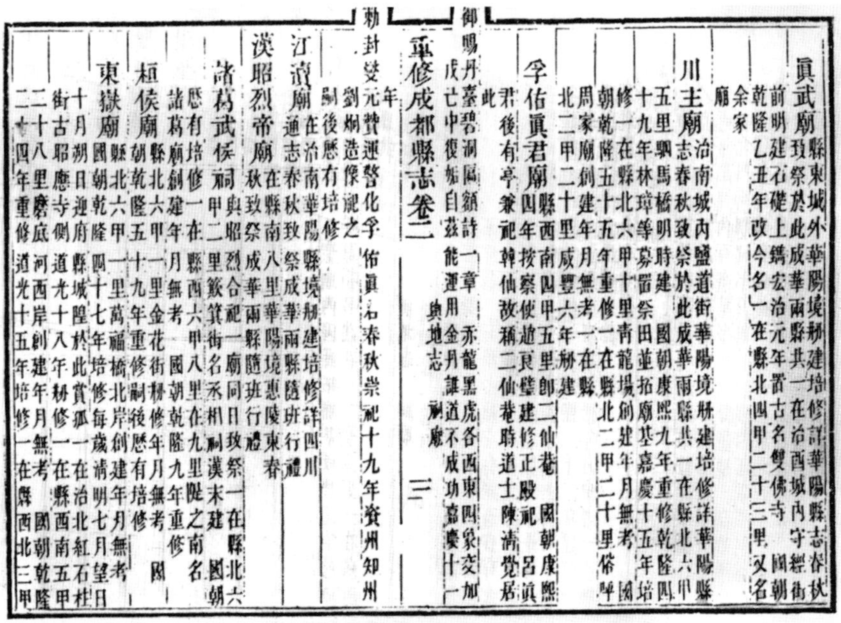

眞武廟縣東城外華陽境𠛬建培修詳華陽縣志春秋致祭於此成華兩縣共一在治西城內守經街前明建石礎上鐫宏治元年置古名雙佛寺國朝乾隆乙丑年改今名一在縣北四甲二十三里又名余家廟

川主廟縣南城內鹽道街華陽境𠛬建培修詳華陽縣志春秋致祭於此成華兩縣共一在縣北六甲五里馹馬橋明時建國朝康熙九年重修乾隆四十九年林璋等募置祭田並拓廟基嘉慶十五年培修一在縣北六甲十里青龍場創建年月無考國朝乾隆五十五年重修一在縣北二甲二十里俗呼周家廟創建年月無考一在縣北二甲二十里咸豐六年𠛬建

孚佑眞君廟縣西南四甲五里郎二仙菴國朝康熙四年按察使趙良璧建修正殿祀呂眞君後有亭兼祀韓仙故稱二仙菴時道士陳淸覺居此

御賜丹臺碧洞區額詩一章赤龍黑虎各西東四象交加戊己中復姤自茲能運用金丹誰道不成功嘉慶十一年

勅封燮元贊運警化孚佑眞君春秋崇祀十九年資州知州劉炯造像祀之嗣後歷有培修

重修成都縣志卷二 輿地志 祠廟 三

江瀆廟在治南華陽縣境𠛬建培修詳四川通志春秋致祭成華兩縣隨班行禮

漢昭烈帝廟在縣南八里華陽境惠陵東春秋致祭成華兩縣隨班行禮

諸葛武侯祠與昭烈合祀一廟同日致祭一在縣北六甲二里簸箕街名丞相祠漢末建國朝歷有培修一在縣西六甲八里在九里隄之南名諸葛廟創建年月無考國朝乾隆九年重修

桓侯廟縣北六甲一里金花街𠛬修年月無考國朝乾隆五十九年重修嗣後歷有培修

東嶽廟縣北六甲一里萬福橋北岸創建年月無考國朝乾隆四十七年培修每歲清明七月望日十月朔日迎府城隍於此賞孤一在治北紅石柱街古昭應寺側道光十八年𠛬修一在縣西南五甲二十八里磨底河西岸創建年月無考國朝乾隆二十四年重修道光十五年培修一在縣西北三甲

▲ ［清］李玉宣等修、衷兴鉴等纂《同治重修成都县志》卷二“舆地志第二祠庙”载“川主庙”书页，清同治十二年（1873）刻本

上可能有他们先辈们的坟堆——他们那简陋的土房子——竹林、院子——过去很多年的故事——到进入古代肩挑的时代（用轿子作代步工具）。有多少人跨入这么高门？”这些照片里面，相信就有着青龙场周边的农村场景，因为，那是他当时最容易看到的成都近郊。①

在青龙场习惯的“赶场天”六、九，那爱德拍下了青龙场热闹而繁忙的集市，时间仿佛刹那间停滞，人们观望着这个突然闯入的带着一个大方盒子的外国人。这一天，离成都发生的“成都教案”和义和团“打洋灭教”，也才过去十多年，刚刚剪掉辫子的人们已经对老外不再那么陌生和对立了。关于他们偷卖儿童和挖取儿童器官的谣言，似乎已经被人遗忘。在那爱德的镜头里，他们只是留下了对摄影术充满好奇的眼神。真挚的那爱德藏在相机后面，没有谁看见，他对这个世界的微笑以及对这片土地的爱意。他远远地望去，集市的几处小吃摊，一个临时茶桌，黄葛树下正讨价还价买卖粮食的客家人，川主庙檐下的理发店，举着比自己还高的灯草叫卖的幼童在四处走动，仿佛听见了他稚嫩的吆喝声，降霜后的大白萝卜，长长的一大溜，仿佛一件装置作品，被菜农们艺术性地陈列在世人的面前。

2007年，萧易在昭觉寺采访时，拜访了青龙场的原住居民、青龙场秉生茶楼钟氏家族的后人、八十多岁的钟勤芳。钟勤芳“一看到这张照片，就指着上面一个小孩说，他叫陈叫花，打小就在青龙场要饭”。照片上的青龙场菜市场与钟勤芳熟悉的青龙场并无太大区别。“其时，客家人正在赶蔬菜市，两边的菜摊上摞着一堆堆新

① 这封信写于1911年2月16日的成都，如果那爱德拍摄青龙场也是在1911年前后，或可佐证他拍摄的成都近郊的农村，或许就在青龙场附近。

鲜的大萝卜、白菜，中间的过道一直通到川主庙，川主庙供奉李冰父子，是青龙场最宏伟的建筑。”据钟勤芳回忆：

> 那爱德的照片并未照下整个青龙场，除了蔬菜市，青龙场还有甘蔗市、杂粮市、花木市等，占了几条老街。民国年间，川主庙被改成私塾，钟勤芳在这里读过几年书。逢到赶场，私塾里“人之初，性本善”的读书声与门外讨价还价的客家话混杂在一起，这个时候，钟勤芳与同学总想出门一看究竟，却每每被私塾老师苏八先生的戒尺赶了回来。①

《同治重修成都县志》卷二“舆地志第二祠庙”载“川主庙”条：“……一在县北六甲十里青龙场，创建年月无考，国朝乾隆五十五年重修。”青龙场的“川主庙”，或许是因为丈雪重建昭觉寺之后，因水兴场，当地百姓以祭祀李冰而修建了“川主庙”。需要指出的是，在当地自小长大的唐智芳、钟正清、郑光阳三位老人则向我说，这座庙叫东岳庙，是否“川主庙”后来又人为地易名，改祀或者增祀了掌管地狱和生死的泰山神东岳大帝呢？

在唐智芳、钟正清、郑光阳等的记忆里，1949年后，这座庙因为所处北街菜市坝，就顺势改成了场上的供销社。1952年，青龙场小学组建时，川主庙（东岳庙）曾经被临时当作学校上课的地方。几个月后，在青龙包上建起了青龙小学，小学搬到了新校区。郑光阳老人打

---

① 萧易.《场镇，移民入川的鲜活记忆》.《成都日报》，2007年7月23日.

开手机里面的一张老照片说，他就是青龙小学的第一批学生，照片中间坐着的一男一女两位老师，就是他当时的老师。

后来，川主庙（东岳庙）渐被拆除。20世纪60年代，庙门外的黄葛树也在一个晚上被暴风骤雨折断，倒在了正街的苏家狮子楼上。一棵树的命运，和川主庙（东岳庙）一起，成了一段遥远而模糊的记忆。熙熙攘攘的青龙场，以一种永不散场的方式，就这样定格在一张玻璃底片里，脆弱而又恒久，弥足珍贵。

1911年，在“保路运动”和“辛亥革命”中，见证了清朝覆灭的那爱德，依然舍不得离开。“我是在壁炉前的围毯上写这封信的，”在1911年11月中旬，他给姐姐写道，“天气不冷，只是有些凉意，甚至外面还有大群乌鸦和鹊鸟的叫声，竹子依然青翠，芭蕉树的枝子俯瞰着庭院。……终年鲜花盛开。如今已经是结霜的季节了，我正在拍一张花园开满鲜花的照片。空气中充满了从一大束水仙花中发出来的芬芳的气味。”那爱德拍下了11月27日大汉四川军政府成立的许多珍贵的场景。而在他之前，拍过昭觉寺的威尔逊，也拍过一张“保路运动”事件中的一个当事者“赵尔丰”，照片是他的一张戎装照。照片当拍摄于1908年，和威尔逊拍下昭觉寺为同一年。这张罕见的照片收在《一个博物学家在华西》的最后一页。

2017年的秋天，花又在青龙场开了。我怀揣着那爱德、威尔逊拍摄的几张关于青龙场、昭觉寺的照片，再次走进了他们昔年拍摄过的场景，走进了又一次经历了重建的昭觉寺，走进了那些百年存照的后裔们，在一座临时搭建的菜市场，我希望听见那爱德听见过的他们的喧闹声，抑或威尔逊听不懂的几句客家俚语和四川方言……

火车经过青龙场

▲ 1952年7月2日，成渝铁路通车，从重庆站开出的火车到达成都站　摄影师未知

1952年年初，铁路修到了青龙场。这一年的7月1日，一声汽笛长鸣，精心装饰的一台蒸汽机车拉着车厢缓缓驶出菜园坝的重庆火车站，经过一夜的运行，约十三个小时后，抵达了成都当时的北门火车站。而仿佛一夜之间，青龙场人的梦境里，就有了火车汽笛的声音。很快，青龙场人也会了那首《四唱成渝路》的歌，直到今天，老一辈的青龙场人，还可以为你哼唱几句："一唱那成渝路，有话说从头。四十年来说修路，派款又拉夫……四唱那成渝路，通车到成都，四十年希望实现了，鞭炮响连天……火车头冒着烟，带着幸福直向前。男

女老少齐欢唱，永远跟着共产党，幸福万万年，幸福万万年！”

毛泽东主席发来贺词：“庆贺成渝铁路通车，继续努力修筑天成路！”天成路即宝成铁路。也就在这一天，宝成铁路从成都端动工。1958年，宝成铁路修通后，在当时的青龙乡境内的八里庄设立了成都东站（货场站）——一说是于1952年就开始启用。成都东站是成都铁路局成都北站管辖的货运一等站。后来，成渝铁路、成昆铁路、达成铁路三条干线都经过这里。

火车经过青龙场，给青龙场人带来的变化，是不可言传的。

如今，对于青龙场人和八里庄来说，老成都东站名字已经不存在了，代替的只是隔街而望的八里站，一座只有少量通勤车和途经过往班列的中间站。

老一辈成都东站的铁路人却记得，这个货场站的规模有多大，西起驷马桥，东至十里店，曾经都是属于老成都东站的地盘。当年，至老东郊各厂的货物、供应青龙场粮食仓库的粮食，都在此出货下货，各种百货、大小家电，都是到达这儿，又从这儿发送出去，所以周边就形成了很多的批发市场，而最重要的一个市场，就是20世纪80年代，曾经名震一时、属于青龙场管辖范围的荷花池批发市场。今天，荷花池依然有一个片区，还叫青龙商场。1992年，从教育系统调到当时归青龙乡管辖的荷花池的罗有才就指出，荷花池的红火，其实是和成都北门一带的铁路运输，包括青龙场的老东站货运、火车北站的客运息息相关的。

2015年，在青龙场的家里，当时已经九十多岁的老人王子仲，接受《华西都市报》记者的采访时回忆说，作为新中国第一代火车司机，抗美援朝后他就是开着蒸汽机车从哈尔滨来到了大西南，他的儿子孙子，三代人都成了成渝线上光荣的火车司机。[①]

后来，为之配套的成都东站编组站的铁路职工宿舍，当地青龙场人称呼为“红房子”。为什么叫红房子呢？我曾经对这个问题充满了好奇。据说源于铁路工人大盖帽上的帽徽是醒目的红颜色。这个红房子，曾经一度成为北郊青龙场最为时髦亮丽的一道风景线，就像曾经一个居民大院门口写着×××信箱，对于里面住着的小孩大人，都是一种小小的骄傲一样，住在青龙场红房子里面的人们，也是多了一份骄傲和优越感。乃至媒婆做媒，以家住红房子来推销，就像现在说家里有别墅豪宅一样。红房子对于青龙场人的记忆来说，的确是一个地标。以至你现在随手招一个三轮车，说一声去红房子，像王大姐一样的三轮车师傅，就会准确无误地把你拉到那个曾经辉煌无比的地方。

曾经在东站附近住的王勇，就是青龙场人口中新街口红房子里面出生的人，他是铁路机务段的子弟。在他的记忆里，上了中学后，他和家属区的小伙伴，最优越的地方是可以常常邀约着搭火车去彭山、红安乡和彭县（现在的彭州）等地赶场耍，买一些时令蔬菜回来。青龙场街上两分钱的鸭脚板、鸡翅膀、棒棒糖，都是他们这些红房子出生的小孩们儿时最爱的小零食。在他的记忆里，在东站搭火车的趣事，则成为一种最美好的儿时回忆：

① 吴冰清．《成都一家三代火车司机：成渝线是我们共同的回忆》．《华西都市报》，2015年12月25日．

搭火车头去赶场，不仅好玩也很刺激和危险。有一次，我和几个小伙伴去洪安乡赶场，去的时候，为躲避单位人员的视线，我们几个就躲在火车头的煤水箱里，等到了洪安乡下车时人人脸上都是煤灰，黑不溜秋的像小乞丐一样，连火车司机看到我们这副面相都哈哈大笑，赶紧弄些水让我们洗了。返回时，为不再弄脏脸而现尴尬模样，我们就坐在火车头最前头（铁路术语是排障器），模仿着铁道游击队员的英雄形象，唱着《铁道游击队》电影的插曲，扬扬得意。但等火车钻完黑漆漆的山洞后，猛然发现我们的背篼连同买的菜全都被吹没有了，顿时个个面面相觑，沮丧懊恼！当然了，回家就是父母的一番责骂。[①]

在成渝铁路边长大的孩子，还会记得有一本小人书，叫《四十年的愿望》。那时候，住在青龙场，在八里庄东站上班的一些铁路军人家庭里，就有着这样的一本小人书。《四十年的愿望》作者是李庆升，由张汝济绘画，1958年11月人民美术出版社首次出版。小人书描绘的是中华人民共和国成立后的西南人民，在党的领导下，如何发挥主人翁的干劲，提高生产并和垂死的特务分子斗争，终于用两年的时间，实现了老百姓四十年的愿望，修成了西南大动脉成渝铁路的故事：

这张股票，引起每个工人惨痛的回忆。轧钢部老班长梁树云说：“由清朝到国民党反动派，借口修铁路，害得我们家破人

① 王勇．《赶场回忆》．《成都日报》，2016年12月13日．

亡。今天，非把生产恢复铁路修成不可！”

这个可耻的特务分子，终于落入人民的法网，他就是从前“中美合作所”的大特务黄杰。

“1952年7月1日，中国共产党三十一周年纪念日的这天，成渝铁路全线通车了。车站上聚集着成千上万的人群……”①

在闲置的枕木上，在红房子的空坝上，几个铁路子弟，就这样为他们身边的这条父辈修建的铁路，兴奋异常、热血澎湃，甚至在他们的梦境里，也一次次地伴随着火车的鸣笛，去抓住一名试图破坏铁路建设的大特务。

这些红房子，真实的名字是青铁家园，位于青龙场致顺路177号，成都“北改”启动后，做过统计，一共有32栋，97个单元，住户1720户，占地面积约80亩。对于红房子带给青龙场的变化，朱文建记得，青龙场因为紧挨成都城边，再加上铁路宿舍，平时间人就多，一到逢场天，远远近近来赶场的人更是把几条街巷挤得满满的，背篼提篮，挤都挤不动，就连许多城里人也乐意到青龙场来赶场。②

谢雨婷从小和爷爷、奶奶住在八里庄附近，她记得，铁路桥下方家桥的那个长长的矮矮的、白天也需要灯才看得见的涵洞，人和车都从那下面经过，还有各种各样的管道，以及错综复杂的铁轨。

然而，有一天，青龙场人却发现，身处“铁半城”的青龙场，被众多的铁路线困住了自己的发展和交通。2018年9月30日，经过三

① 《四十年的愿望》. 曹作锐改编，张汝济绘图. 北京：人民美术出版社，1958.
② 朱文建.《昔日青龙场》.《成都晚报》，2008年12月9日.

年多的施工建设，横穿成都动车基地等多条铁路线的致力路下穿隧道工程竣工通车，受制于众多铁路线分割的青龙场与八里庄、二仙桥两大片区，从此结束了无法互联互通、只能隔轨相望的历史。

今天，曾经是川陕路上规模最大的生活片区，成都内燃机总厂1800户筒子楼的居民，在青龙场的“北改”中已经凤凰涅槃，成为一段记忆。

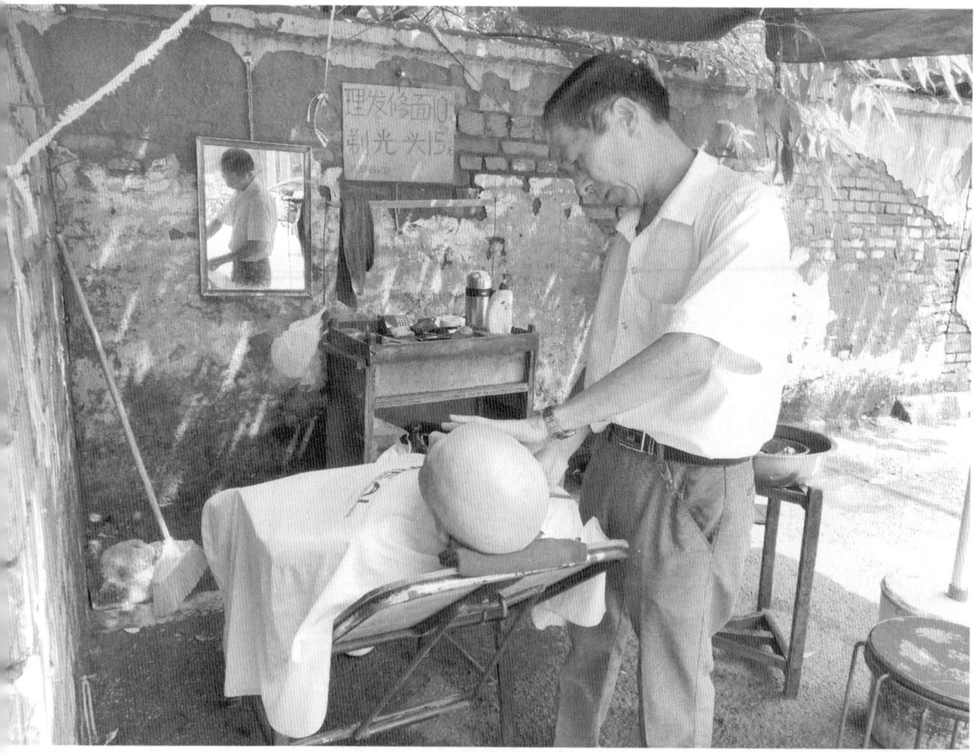

▲ 青龙场一条小街的路边理发店　朱玉霞摄

只有青龙场人口中的红房子，还在坚守着什么。

2018年的春天，我经过致顺路，忽然抬头看见传说中的红房子就在眼前。我悄悄地走过去，看见这个已经有点老旧了的小区，已经看不见戴着大盖帽红色帽徽出来的人们了。一切，似乎都已经被人遗忘了。只有这三十二幢青铁家园的红房子，似乎还在固守着，就像一个老军人，穿着一件泛旧了的军装。它是新中国城市发展的标本，在城市化的进程中，在青龙场翻天覆地的变化中，成为一个时代最为真实的见证。随便哪一家人，都可以给你捧出一本充满激情和理想的老相册，然而今天，它已经成了青铁家园小区门口一个日常的背影，安静的小区，寂寞的铁栅门，斑驳的红砖墙……

火车经过青龙场，火车带来红房子。

从北郊公园到成都动物园

成都最早的动物园，其实是少城公园，即今天的人民公园。清宣统三年（1911），上任两年的“镇守四川成都等地方将军、统辖松建文武、提调汉土官兵、管八旗事”的成都将军玉昆，在成都劝业道周孝怀的帮助下，把本不让人随便进出的少城即老百姓口中的满城，里面的一些富裕旗人所居的庭院合并起来，并添置些亭榭，园子内种树栽花，还豢养了一些飞禽走兽，这就是少城公园的前身。后来，旗人生活日渐窘迫，便在公园里开业谋生，兼收门票，让人游览参观。从此，成都便有了有史以来第一个公园，被老百姓约定俗成称之为“少城公园”。1949年12月27日，成都解放。次年，少城公园更名为“人民公园”。

对于这个公园的来历，李劼人在1937年完成的旧版《大波》中写道：玉昆住进少城后，“特急把那从小东门进去不远，关帝庙旁，一片广大的野树丛生，杂花满地的隙地，和一片大荷花池，开辟出来，改为公园，马马虎虎修造几所假洋楼，以及一片亭榭，招了几家餐馆茶铺，出卖门票，每人当十铜圆二枚……这是自有成都以来，破天荒的一个大公园，虽然屋宇修得不太好看，毕竟树木还多，地方还大，又有池塘，又有金河，因此公园一开，生意登时就兴隆起来。玉昆先生便一举两得，既有了门票收入的利，又博了个颇开通的名”。

民国二十八年（1937）九月二十七日和次年的七月二十七日，成都少城公园一带先后两次遭受日军的飞机轰炸，死伤数千人，园内金石陈列馆、体育场、动物园、纪念碑等处都受到了损坏。

对于人民公园里动物园曾豢养有虎、熊、孔雀等，我的兄长、作家张义奇至今还记得儿时曾听老人讲少城公园的动物要抽鸦片烟的故事。他说，很多年他都没弄明白，那动物怎么个能抽鸦片烟。直到后来，读到民国时兼任过少城公园园长的老新闻工作者邓穆卿先生的《成都旧闻》，方才恍然大悟：

> 原来有个人称“温老虎”的饲养员，此人是个“瘾君子”，原本并不懂得饲养猛兽，却谎称会喂老虎而谋得了饲养员的职位。不料，老虎并不买他的账，每次喂食时都对他张牙舞爪，常常吓得“温老虎”胆战心惊。为了制服这只凶猛的东北虎，“温老虎”终于想出了一条诡计：便在每次喂虎时，嘴中包含一口鸦片烟，待那猛虎扑来时，迎面喷去。久而久之，东北虎染上了大烟瘾，被“温老虎”驯得服服帖帖，并最终被烟毒害死，成了公园内的一个标本。“温老虎”害死了东北虎，非但没有受到惩处，而且还因驯虎有功，全家都进了动物园工作，这实在是对当时中国社会的一个莫大的讽刺！[①]

对于这只老虎的死去，民国时人刘竟成在《成都少城公园竹枝词》之《动物园》中写道：“太息公园虎早亡，直教群兽发癫狂。每

① 张义奇．《少城公园：卢作孚的社会实验场》．《成都日报》，2011年4月6日．

于静处听狐说，欲假无威怎下场。”①

1952年秋，宜宾地区的农民抓到了一只金钱豹，特意送到了省城的人民公园。据说，因为这只金钱豹的到来，人民公园开始游人络绎不绝。当时的成都市市长李宗林，副市长米建书、李劼人等领导看在眼里，又恰逢亚洲及太平洋区域和平会召开，代表团要路过成都，成都市政府便趁此机会，紧锣密鼓筹划建起一座专门的动物园。现成都动物园园长王强说：“那时，成都连一条像样的街道都没有，财力更是有限。”几番挑选园址，目光就放在了当时的百花潭公园。百花潭公园是原国民党起义将领邓锡侯的私人别墅及原四川省财政厅厅长甘典夔的防空疏散别墅及果园，差不多有五十亩左右。1953年初，动物园筹建小组陆续在百花潭公园内，修建了横跨锦江的入园浮桥、鹿苑、猛兽舍等设施，并陆续从全国各地收集动物，主要是国内其他动物园赠送或者四川各地捕获的野兽。

成都动物园的第一任园长是丁耀华。1953年2月，丁耀华一行到北京西郊公园学习管理动物的经验。三个月期满，北京西郊公园友情赠送了梅花鹿、狼等动物。装载动物的车队路过石家庄时，当地又从乡下抓了几只稀奇一点的野鸡凑数。这批动物乘车到了武汉，又乘船到重庆，再请山城的棒棒军爬坡上坎抬到了菜园坝火车站。一下火车，又坐成都的架架车到了百花潭公园。与此同时，从武汉等地引进的非洲狮等动物，也先后辗转抵蓉。②

---

① 杨燮等.《成都竹枝词》. 林孔翼辑录. 成都：四川人民出版社，1982.

② 《成都动物园志（1953—2010）》. 王强、童霞主编. 成都：四川科学技术出版社，2013.

1953年初，灌县（今都江堰）四个农民在漩口山区捉到了一只大熊猫幼仔，抬着滑竿，步行送到百花潭动物园。遗憾的是，由于当时的动物园没有技术和经验，这只熊猫在十八天后就生病不治身亡。

这一年的10月1日，成都百花潭动物园正式开园，飞禽走兽样样齐全，共展出花豹、雪豹、九节狼、狮子猫、雕、鹰、鳄鱼、黑熊、梅花鹿等动物34种114只，当时的门票只需五分钱。10月4日，这天是星期日，竟然有1.8万余人到动物园“看稀奇”。老一辈的人还记得，当时排队买票的队伍，一直从百花潭公园排到散花楼甚至城墙脚

▶与动物园的正门相连，锦江上风格独特的木船浮桥 林元亨收藏 火星摄制

下。而那座与动物园的正门相连，锦江上风格独特的木船浮桥，也成为几代人的记忆。也正是从1953年的国庆开始，成都动物园开启了它的百花潭时代。

1958年，人们捕捉到一只熊猫，成都百花潭动物园终于有了第一只可供展出的熊猫。在成都动物园工作二十余年的王雪蓉，则记得老一辈人讲，1966年秋，北京动物园的一只大象流动展出到了成都的盛况。一天之内，百花潭动物园就拥入了十多万人，远远超过了动物园的接待能力。当时的动物园只有一个很窄的出口，只好临时打了几个墙洞来疏散人群。2013年，已经八十三岁的税明亮老人在接受《四川日报》的采访时说，他还记得百花潭看大象的那次经历，“成都人哪里见过大象？简直倾巢出动”，“我们从大门挤出来以后，娃儿的鞋子都挤不见了”[①]。

那么，是从什么时候，动物园又从百花潭搬到了现在的青龙场的呢？

1974年，成都市开始规划北郊动物园，很快，把动物园从城里的百花潭搬到北郊的青龙场境内，最先搬到白莲池，后来搬至北郊公园。

在“十年动乱”中，因为城内有南郊公园，青龙场的昭觉寺后山一带，一度被老百姓称为北郊公园。

南郊公园位于成都市南门外的武侯祠旁，今武侯祠大街235号，建于1943年，原为四川军阀、一级陆军上将刘湘的墓园，1953年经修缮辟为南郊公园。而北郊公园，其实并没有官方的文件认可，其称呼，只存在于老百姓的口头，其范围，大概指当时青龙场、昭觉寺及后山一带。

---

① 吴晓铃．《成都动物园花甲之园几代萌事》．《四川日报》，2013年8月30日．

1975年，北郊动物园逐渐进驻昭觉寺内，在园林区域伐木取材建起了各种动物嬉戏的场馆，并对寺院残存建筑进行重新规划和改建，在原大雄宝殿和说法堂的遗址上开凿成人工天鹅湖。幸运的是，原殿前的那株黄葛树被保留下来。五观堂，也被改为湖滨餐厅，向游人开放。当时的僧人，也被悉数收编为集体职工。

1975年的成都地图上，动物园的地址还在一环路西段，电话号码是4188。1979年印刷的《成都旅游》日记本上，成都市公园、名胜一栏的动物园、昭觉寺，已经被合并在一起，电话号码同样是4188。1976年，原成都百花潭动物园正式搬迁至现址——成都市昭觉寺南路234号。1977年，熊猫馆建成。后来，北郊动物园在昭觉寺后山发展成了今天与昭觉寺一墙之隔的成都动物园。

我收藏了一张情侣在动物园的元旦合影，照片背后写着：“北郊动物园，第一次留影，1984.1.1。”今天，翻看这张照片，你依然想去触摸和想象，这对情侣的纯净爱情与后来的故事。更多关于成都动物园的留影则是一个时代的印记，以及我们一代人的人生记忆。

温鸭子　正街饭店　昭觉寺锅巴

在青龙场温鸭子总店的墙上挂着一些其老板收藏的老青龙场20世纪80、90年代的照片，一帧帧在述说着青龙场的历史。

光绪二十九年（1903），自幼丧父的温茂森这一年才十八岁，他和母亲黄氏相依为命，自圣灯踏水桥迁至青龙场西街。两年后，母子俩在正街开了一家经营白酒和腌熏鸭的“茂森酒店”。很快，“温鸭子”的美名就传遍了北郊。每次到昭觉寺上香的香客，回家时，带一只荷叶包着的温鸭子回去。温鸭子，不知不觉间，早已融入了青龙场乃至成都人的生活。

据说，清末民国初期，青龙场的三大家族，就是王家、张家和温家。在后人的讲述里，温家的故事，如真似幻：

> 温家在青龙场上有一处很大的四合院子，据说可以住上几十个人，人丁兴旺，家族富荣。在温家的隔壁，是王家的烟馆儿。平时温家会给王家的客人们送饭菜，生意虽说是各做各的，但因为温家的饭菜味道确实很好，许多烟客也都成了温家的常客。温茂森做生意很耿直，平时客人们买鸭子时，若遇到找不开零钱或者尾数不多时，他总是给客人免去，食客们总是高兴而来，愉快而去。久而久之，也都成了他家的老顾客。

温鸭子的网站上有一段记载："乙酉年（1945），张爰（张大千）寄居成都北郊昭觉寺，闲暇之余，常光顾温鸭子，食后大为赞赏，谓之川西鸭品一绝也。"但我没有找到这段文字的出处，至于其所谓的"《青龙场地方志》记载"，更是没有《青龙场地方志》这样的一本方志。不过，除了张大千，包括吴佩孚光临青龙场，或许都曾经有口福，品尝过茂森酒店的温鸭子。然而，这一切，就像青龙场一个老人难得一见的一杆叶子烟，都已经卷入了历史的一缕烟云。

新中国成立前，温茂森打理店铺，妻子则是真正的掌柜。温茂森有子女六人。二儿子温荣昌跟着父亲在铺子里面跑堂。温荣昌的大哥则主要在家掌厨卤鸭子。1953年，青龙场私营商业实行合作化，走

▲ 20世纪90年代打出百年老字号招牌的温鸭子总店　温鸭子总店收藏　牟春翻拍

过近五十年光阴的温鸭子，与青龙场的供销社一起合并，取名正街饭店。公私合营后，“温鸭子”依然是正街饭店的核心产品。温荣昌的大哥和家里的兄弟姊妹都从事了其他工作，只有他在正街饭店作为一名职工，一直干到了退休。

1978年，“三中全会”拉开改革开放的序幕后，青龙场逐渐开始恢复了私营的小商小贩。温荣昌的儿子温小金跟着父亲学手艺，先是在自己家里将鸭子卤好，然后推着车子在正街饭店旁边售卖。1985年5月1日，退休赋闲在家的温茂森和二儿子温荣昌重操旧业，温鸭子重新在青龙场的正街饭店旁边，摆摊供应。今天，由其后人温小金发扬光大发展成温鸭子连锁店。[①]朱玉霞在采访时，曾经听过这样一段故事：在1980年以前，正街饭店因为制作鸭子的主厨依然是温荣昌，所以食客们总是私下称正街饭店为温鸭子。后来，私营性质的温鸭子店开张以后，人们又纷纷说这家才是真正的温鸭子。不知道其中缘由的食客们，就总是充满了疑惑。不过，温鸭子和正街饭店，后来都成了青龙场的两个著名的餐饮招牌。脱胎于温鸭子的青龙正街饭店和青龙场饭店，也开遍了成都城内外，成为成都有名的一个地方饭馆，这倒是一件让青龙场人都颇感自豪的事情。

在一份2003年老青龙场拆迁前的正街饭店菜单上，我们可以看见，有锅盔干豇豆回锅肉、糖醋脆皮鱼、白菜扣肉、鸡烧菜心、竹笋烧兔等。当然，除了烟熏鸭子、家常酸菜鸭血、泡椒鸭肠、火爆鸭肠、姜爆鸭丝等，还有一道招牌菜，叫锅巴肉片。

---

① 李豫川.《蓉城市郊名小吃掌故》.《四川烹饪》，1998年11月.

这道锅巴肉片，据说与昭觉寺的锅巴是分不开的。

有句俗语，说“昭觉寺的锅盖，揭不开”，意思是说锅之大，那锅盖一般的普通人是揭不开的，因为揭锅盖都要四个僧人一起用力抬。许多青龙场人都知道，昭觉寺真有这样的一口年代久远、锈迹斑斑的大黑锅，当然今天，在大伙儿的眼里，已经是一个“文物”级别的“老古董”了。

出生于1925年，1946年在昭觉寺受具足戒的常济长老，至今都坚持着每天在寺院里耕种，以及到各个殿堂门前的香炉，徒手去整理那些信众上的香，一一帮助插放整齐。如果你看见有着一袭僧衣的老人，在香炉前整理香火，那一定是常济老和尚。这口锅的年龄，比常济还老。

据常济长老介绍，昭觉寺的众僧，曾经就是吃这样的几口锅煮的饭。这口大锅，由精铁制成，锅有半人高，锅壁厚3厘米左右，直径达1.6米，重250公斤，据说一次能装16桶水，一次能够煮170公斤大米，一顿可煮数百人乃至近千人吃的饭。老一辈僧人曾经讲述过这口罕见铁锅的来历。由于人口众多，大约在1901年，也有人说是在同治年间，为了解决煮饭问题，寺院派出掌管厨房的贴案、火单等和尚，专程赶到天回镇，找到当时天回镇著名的铁匠，用了整整三十天，终于制成了两口大铁锅和两口大铜锅。后来，这几口大锅就承担起了寺院内所有僧众的吃饭“重任”，而今天我们所见的这口大锅，则是其中剩下的一口。[①]

① 刘宇、杨永茂、黎明.《成都有口罕见大锅直径1.6米重500斤》.《成都晚报》，2001年6月6日.

闻名遐迩的“昭觉寺锅巴”，就在这样的几口锅里烹制而成。据说，张大千在把画室搬到昭觉寺之前，与谢无量、杨孝慈、严谷荪等朋友，一同去拜访昭觉寺的定慧住持。喝茶时，定慧令侍者端来锅巴及豆瓣蘸碟，每客一小份，请诸位“打尖”。张大千将锅巴蘸了豆瓣入口品尝，惊奇地问道：“啷个这样好吃？”大家都笑了。后来，他把画室搬到昭觉寺后，好奇地再问侍者，昭觉寺锅巴是怎么做出来的。笑而不语的侍者只是把他带到了一口大锅面前：

> 侍者与一位掌灶的和尚说明来意后，掌灶的把大千先生带到灶房，一个小沙弥正将劈好的青冈柴送进灶膛生火，两个拴着围腰的和尚抬着洗好的大米往掺了水的大锅里倒，然后用绳索将吊在半空的锅盖放下来把锅盖上，不一会儿，锅里的蒸汽就不断地往外冒，掌灶的凭经验向掌火的小沙弥做了个闭火的手势，锅里香喷喷的焖锅饭味扑鼻而来。那两个和尚用绳索将锅盖吊起来，用一根悬在梁上拴着的铁链挂当作锅铲，娴熟地将米饭铲到大簧桶里，锅里剩了一层厚厚的锅巴，然后再用锅盖盖上，约烧半杆烟的工夫，只听得锅里“咔嚓”一声，掌灶的向两个和尚做了个手势，他们将梁上拴着铁链的滑轮滑到锅中央，用四个铁钩子钩住又厚又黄的锅巴，朝桌上早已摆好的簸箕里吊放进去，掌灶的又做了个手势，有四个和尚将盛着锅巴的簸箕“嘿哟嘿哟”地抬到库房里。侍者转过身来对大千先生说道：“这就是你们打尖的锅巴。”大千频频点头问道：“那味美的香油豆瓣也是你们自己做的吗？”侍者点点头，大千赞不绝口，侍者有道：“若不是贵

客，不是施主，一般的人肯定是莫得（没得）这口福的！”[①]

有人说，昭觉寺的锅巴，是因为一次僧人做饭，意外把饭熬煳了，因此发明。究其来历，昭觉寺的锅巴，与川西人煮饭用“闷锅饭”方法有关。锅底的锅巴，金黄脆香，小孩儿可以蘸豆瓣吃或抹点猪油当零食吃，晾干储存起来，还可以拿来做菜。青龙正街饭店有名的“锅巴肉片”，堪称是锅巴菜的代表作。将其发扬光大的，则是昭觉寺的僧人，因为在他们的手下，昭觉寺的油炸锅巴，远近闻名，成为昭觉寺的一绝。据吴好山1855年作的《成都竹枝词》可知，当时的昭觉锅巴，已经非常有名，成为家家来昭觉寺一趟必带回家的一个名小吃：“年年腊月兴无涯，问定开旗往佛家。昭觉寺中看野鹿，归来帕里裹锅巴。”[②]

川内的美食家李树人一直记得一顿难忘的早餐，那是在抗战时期，上学经过罗祥止公馆时，因为罗的儿女和他是同学，就喊他一起进去用早餐，结果遇上了到访成都住在徒弟罗祥止家的齐白石。这一顿早餐，吃的就是用昭觉寺的锅巴煮的粥。“昭觉寺出来的锅巴，既厚且黄又略带煳香，这样的锅巴熬煮出来的稀饭又黏、又稠、又香”，虽然过了多年，李树人依然记得那独特的煳香味。[③]

1949年，在青龙场吃了四五年温鸭子和昭觉寺锅巴的张大千，

---

① 孔润常．《丹青如椽美食如画——画坛大师张大千饮食趣闻》．《烹调知识》，2017年8期．

② 杨燮等．《成都竹枝词》．林孔翼辑录．成都：四川人民出版社，1982．

③ 张元玲、刁明康、陈怡然．《四川美食界泰斗李树人去世　他讲了一辈子川菜故事》．《华西都市报》，2016年8月18日．

离开了就再也没有回来。2016年，对昭觉寺锅巴念念不忘的李树人仙逝了。2018年，曾经在成都与李树人对酌谈大侠大美的金庸，带走了所有人关于侠之大者与仗剑天下的梦想。2018年，在青龙正街饭店的总店，在温鸭子总店，人们依然可以点一份锅巴肉片，点一份烟熏鸭子……

在青龙场人的眼里，所有的秘密，都在青龙场人的青龙包里，都在青龙场人的一份美好而勤劳的灵魂与坚守里，都在昭觉寺的大铁锅和每一家青龙场人的锅灶里，就像青龙场人传说中的一罐欢喜庵的老醪糟儿，恒久逾香，逾香而恒久。

最后的赶场天

三百年前的一场秋雨过后，成都平原上的天气还是很舒服。虽然半月刚刚过，已经霜降了。从驷马桥到青龙场、昭觉寺都要经过的聚沙亭（后来名叫虎溪桥）。一天，不问世事的丈雪和尚，一边和老茶友们在这里喝着茶、聊着天，一边就想起了曾经的繁华旧事，对于今天得来的太平日子，他忽然想到一首诗："镇日风和太古弦，声前常见万峰攒。沙浮水面人初集，雨洗芙蓉露未干。径引小桥天上下，亭高半月锁琅玕。呼童漫把霜花叶，瀹茗吟成诗一联。"对于彼时的昭觉寺和青龙场，丈雪或许真的很满足。这首《聚沙亭》透露出的一个僧人的心境，终没有人能够懂得。

多少年后，有一首儿歌在成都的孩子们之间流传："清早起来不新鲜，心想成都要几天。一出东门天涯石，二出南门五块砖。三桥九洞石狮子，青羊宫里会神仙。……城隍庙、小南海，驷马桥见欢喜庵。将军碑后白莲池，抬头看见凤凰山。昭觉寺在青龙场，第一禅林不虚传……"①

清代的《成都竹枝词》里，也有一些关于昭觉寺的记载，如赵熙《下里词送杨使君入蜀》："自古成都四大寺，北门昭觉树参天。老

① 歌谣《唱成都》曾做成线装书在街边书摊售卖，后由民俗研究者冯水木收集整理。据传为清代中后期民间版本，歌谣中所唱地名、名胜等皆为清代所有，无清末及民国时的，如商业场、春熙路等。

僧会得涪翁语，花气薰人欲破禅。”可见，当时昭觉寺的树木也是成都北门的一大景观。①

据《成华史话》记载，以前，成都人常说：“成都四大场，东门牛市口，南门红牌楼，西门茶店子，北门青龙场。”②《同治重修成都县志》卷一“舆地志第二疆域附关隘、场市、保甲”载：“青龙场，距城十里三，六九日场期。”《成华记忆》载：“2004年，8月12日，成华区召开撤销乡建制实行街道管理体制工作会。撤销圣灯、保和、青龙、龙潭4个乡建制，实行街道办事处管理体制，建立圣灯、保和、青龙、龙潭4个街道办事处。12月20日，成华区青龙场

▲ 图为1907—1914年，成都近郊的乡村场镇　［德］弗瑞兹·魏司摄

① 杨燮等．《成都竹枝词》．林孔翼辑录．成都：四川人民出版社，1982．
② 《成华史话》．成都市成华区地方志办公室编．北京：新华出版社，2015．

镇拆迁改造动员大会召开。”由于受成渝铁路、青龙场立交桥和成绵高速高架桥的限制，典型的“五无”场镇青龙场一带，曾经是成都市北门片区建设的“顽疾之地”，随着成华区2004年实施“城中村”改造以来，今天的青龙场已经发生了翻天覆地的变化。

或许，还有人记得2004年，青龙场的最后一个赶场天。

2018年3月31日，大雨滂沱，青龙场街道文化站邀请了当地数位老人，在给成华区丛书作者安排的一场座谈会上，我请唐智芳老师画了一张青龙场的示意图。十多年前被拆建前的百年老青龙场，就又从大伙儿的记忆里，一点一滴、一砖一瓦地回来了，成为一栋建筑、一处场所、一段记忆、一本方志、一个传说。

北街、川主庙（东岳庙）、猪市坝、两根老黄葛树、新街、供销社、扒扒巷、菜市坝、绸缎铺、酱园铺、正街饭店、廖羊肉汤、河边的狮子楼、映江楼、后街石桥、苏家糖果铺麻饼、郑家中药铺、铁匠铺、青龙场水碾、鸿门堰、猫子塘、和尚路、洪家坡、欢喜庵[①]、财神庙、新三庙、张家丝房、蔡家丝房、张扫把、石岭村的大头菜、水田边的丈雪墓……

1949年3月，因为奶奶和姑妈在青龙场的场口租房住，从安仁到成都整整走了三天的吕涛和姐姐、父母，终于在青龙场苏家农户的一间侧房安顿下来。然而，1950年中秋，才搬到青龙场一年多，家里就生出了变故。还不满十岁的小吕涛，经历了妈妈在青龙场的病逝。临

① 《同治重修成都县志》卷一“舆地志第二寺观”载“欢喜庵”条：欢喜庵，县北六甲八里，地名欢喜坡，庵因以名，同治四年重修；《重修昭觉寺志》载：欢喜坡，寺右里许。

终前，不舍的妈妈托付姑妈多照看他。姐姐为妈妈穿上了早已备好的寿衣。小吕涛按照大人的吩咐披麻戴孝，端灵牌，下跪，磕头。多年后，吕涛老教授满含热泪地写道："一副薄棺草草地装殓了妈妈，仅雇了两人便把棺材抬走，葬在乡下朋友的坟地里。两年后，因为修铁路，妈妈的坟需要迁葬到别处，那是我最后一次到妈妈的墓地。迁葬以后，只有爸爸才知道妈妈埋在哪里。爸爸经常独自一人前往妈妈的墓地祭奠。1961年，爸爸去世，从此没有人知道妈妈墓地的下落，更不用说上坟了。"①

虽然是一个外来人口，但吕涛的一家却和青龙场发生着紧密的联系。因为青龙场土改斗地主需要做记录，初中生的姐姐就参加了工作，没几天就调到温江学习财会。以后随着成都县的撤销，又调到阿坝州工作。土改后，成为少数民族慰问团的一员，后来就留在了阿坝州，一干就是四十年，直到退休才回到成都。

从川大文学院毕业的父亲，平时以摆摊给人看病为生。在吕涛的记忆里，他的生活很有规律，每晚先看书，次弹琴，然后摆围棋打谱。外祖父流传了三张明代的古琴，被父亲继承。吕涛从小就在悠悠的琴声中长大。那时成都能够弹古琴的人不多，大家常常一起切磋琴艺。平时，和父亲来往的朋友有四类，如吕鸿年、黄克升等老同学，经常邀约下围棋；古琴界和医药界的几个朋友——其中，一个骨科的孔医生，跟父亲最好，父亲给他做媒，后来就在青龙场安了家；昭觉寺的和尚也和父亲要好，常来小吕涛家喝茶。

---

① 吕涛：《沉思往事立残阳》，见"lutao1940-11-19的博客"（http：//blog.sina.com.cn/u/1625288612）。

朱文建记得，正街十字路口靠北面，有一家烟丝铺子，店里住着老两口，专卖烟丝和叶子烟。后来20世纪80年代，纸烟流行，烟铺子就改成了照相馆。①十字路口有一家廖记羊肉汤老号，“店面用木板搭在河道上，店里熏得黑黢黢的，走进里头就一片模糊，大白天都要照灯”。廖记羊肉汤常常是朱文建和朋友们聚会的地方，来晚了都没地方坐。其实，青龙场老街上有好几家羊肉汤店，都是木板门小门面，小方桌长条凳，“店前一个炭灶，灶门前堆一堆煤；灶上架起一口毛边大锅，锅上挂根竹竿，竹竿上挂着羊肉羊杂，羊肉汤在锅里翻滚，终日热气腾腾，满街飘香。有人来了，先问大碗小碗，然后按量抓一撮羊杂羊肉在碗里，冲上一碗热汤就上桌，放点毛毛盐，葱花芫荽，喝一口吹一下，再来一个白面锅盔，吃得稀溜稀溜的”。青龙场人有一个约定俗成的习惯，早晨喝羊肉汤就要喝酒，称为喝早酒。②

对于石梯边的屠宰场，朱文建则总是记得那些卖猪的开心日子，一条可以卖个好价钱的大肥猪，可以说是以前青龙场周边农民一家人辛苦一年的全部收成、积蓄和希望：

> 天还没亮，屠宰场前黑灯瞎火，已经排了十几个人，一片猪的哼哼声。收猪的是个瘦瘦的中年人，小眼睛，细手细指，人称爪手子，他说可以收就收，他说不收就拉回去，所以都虚他。俗话说，你有七算我有八算，卖肥猪的人把猪喂得胀鼓鼓的，巴望

① 朱文建.《青龙场的烟丝铺和老成都的烟民往事》.《成都晚报》，2018年7月19日.
② 朱文建.《这是习惯：早晨在青龙场喝羊肉汤一定要喝点酒》.《成都晚报》，2018年1月24日.

多增点秤，收猪的就要扣秤，俗称“除肚腹”，把多吃下去的扣出来。爪手是扣秤的高手，挽起衣袖伸手在猪肚皮下朝上一搂，随口报出，五斤，三斤……扣得多的有七八斤，那都是人家刨猪食一点点刨出来的，扣得人心痛。有不满的嫌扣多了，求情说好话少扣点，手下留情，爪手也干脆：“嫌扣多了哇，你拉回去，我不收你的。”吓得卖猪人赶紧闭了嘴。等卖了猪走出来才骂一声：龟儿子屁眼儿也太黑了嘛，扣那么多！总算是出了一口恶气，心头平衡多了。甩开大步往回走，包里揣着刚卖猪的发票，那是换钱的，腰杆也硬得多，遇到熟人就说，才卖了猪回来。我们的猪顺利过关，只扣了三斤，算是少的了，也许是捆猪的时候就泄了些。开一张发票，到供销社去拿钱领返还肉票，还不忘招呼一声：“明天早晨来拿猪板油哈。”①

在正街和后街的丁字路口对面，有一家没有门面、在屋头营业的补锅匠。“青龙场的补锅是热补，补锅匠是个50多岁的老头，顶着红红的酒糟鼻子，脸膛泛红，大概是成天对着烟火被熏红了的。”朱文建在《青龙场的补锅匠》中写道：“一到赶场天，来补锅的人沿街边排成一长串，用背篼背了锅来，一个个都焦急地等着，补了锅还要赶回去煮饭哩。有的人锅烟子很厚都没刮就拿来了，糊得一身黑灰。老头眼皮都不搭就不客气地说，把锅烟子刮了来嘛，太懒了嘛！”后来，没人补锅了，老人就在屋前晒太阳。后来，老人不见了，老青龙

① 朱文建.《嫌扣多了哇　你拉回去我不收你的》.《成都晚报》，2018年8月9日.

场的老街老味也消失了。[①]

在谢雨婷的记忆里，就是爷爷带着小时候的她去青龙场立交桥下买菜。她记得立交桥下除了卖菜的，还有很多泥水匠、木工电工拿起牌子停着自己的自行车在桥底下等活路，以前她的老爸是开货车的，他就在桥底下等拉货的生意。后来，不知从哪一天开始，那桥下，变成了一溜溜卖衣服的铺子。

现在，今年七十六岁的奶奶还在八里小区居住，谢雨婷周末会从上班的郫都区回去，陪老人家散散步，逛逛老街，不经意间，走过去就是青龙场。经过那个立交桥的时候，她会想起去年刚去世的爷爷，以前他就在青龙场桥底下那个粮油市场买米。记得他生前，最后一次骑车去买了五十斤米，米袋子烂了，一路掉起走。每到核桃成熟季节，爷爷也会在青龙场桥底下买一大袋没有剥皮的新鲜青核桃。没想到，这些都成了她的温暖回忆。爷爷谢觉财是西藏林芝部队的汽车兵，西藏的物资，曾经就是他们这些汽车兵冒着生命危险一趟趟运进去的。奶奶童玉桢是土生土长的成都人，以前在老马路住，她总记得小时候在安顺桥（现已修成合江亭）底下洗衣服的时光。奶奶也总是和孙女儿讲各种各样的故事，那些故事，就像一本本书，一场场电影，包括青龙场、昭觉寺、动物园、八里庄，都成了一个地方的美好年轮。

2017年8月，我和妻儿坐在王大姐的电动三轮车上，围绕着老青龙场的原址，匆匆经过的时候，我忽然就在想，那些在赶场的热闹喧嚣之后又各自走散了的人们呢？陌生人、熟人、亲人们，有联系的，

① 朱文建．《青龙场的补锅匠》．《华西都市报》，2018年6月8日．

没关系的，他们后来，又都去了哪里？就像今天，在青龙街道逐渐走散和消隐了的客家人一样，我们已经很难听见那些听不懂的“土广东话”，以及那些传说中的大户和望族、袍哥和江湖，以及青龙场周边，曾经的公社、大队，那些陌生的词汇，对于“90后”“00后”来说，仿佛已经成了一个遥不可及的传说。

舒尔茨说：“当人们认同一个地方时，人们就确定了自己存在于世的方法。”[①]梁思成、林徽因曾经在《平郊建筑杂录》提出一个超出“诗”“画”以外的“建筑意”的存在，并写道：“无论哪一个巍峨的古城楼，或一角倾颓的殿基的灵魂里，无形中都在诉说，乃至于歌唱，时间上漫不可信的变迁；由温雅的儿女佳话，到流血成渠的杀戮。”[②]对于青龙场人来说，温鸭子、正街饭店、青龙场、昭觉寺，又是怎样的一种“场所”和“建筑意”呢？魏柯、余斡寒等著《四川古镇现象学——场所与知觉的意义》指出：“四川古镇作为一种乡土聚落，其场所意义的源头实际上是对生活或者聚居问题的反映。这种非空间性实际上都是由天、地、人、神共同组成的一个世界。”

除了昭觉寺和青龙场里的川主庙——东岳庙，川主庙——东岳庙前的戏台，以及菜市坝上打老远就能看见、相传是丈雪所植的洋槐树，菜市坝旁边的魁星楼，青龙场上的三个栅子门——北门场口、东门场口和南门，出北门正对昭觉寺山门，往西则是和尚路猫儿洞，直

① ［挪威］克里斯蒂安·诺伯格—舒尔茨．《居住的概念：走向图形建筑》．黄士钧译．北京：中国建筑工业出版社，2012．

② 《平郊建筑杂录》原载《中国营造学社汇刊》第三卷4期，1932年11月，署名梁思成、林徽因。收入《林徽因文集·建筑卷》．天津：百花文艺出版社，1999．

通川陕大道路口。[①]附近还有今天动物园大门正对面的财神庙，财神庙旁边的尼姑庵是欢喜庵。

唐智芳、钟正清说，“破四旧”把财神庙的财神和欢喜庵的菩萨推倒，1978年川陕路扩路，就全部拆除了。他们至今还记得，欢喜庵与洪家坡之间，有一个唐糍粑幺店子，是推鸡公车、拉黄包车的挑夫脚夫的歇脚处，就在现在的昭觉横街地铁站那儿。

杨其清则回忆起，欢喜庵的老醪糟儿，那种甜香，回味悠长。

参加过文物调查的戴庆云则记得，欢喜庵有一个碑。他说，青龙场一带曾经有很多古碑。回龙与青龙也有一个碑。“成华碑”在狮子五队那儿，本来想拉回来，但当时一直没钱去拉，修成绵路就埋在地下了，今天想来，有点可惜了。

从凤凰山上狮子坝发源的鸿门堰水，悄悄流过青龙场。狮子庵[②]—狮子碾—欢喜庵—昭觉堰—昭觉寺八角亭（溪水从正中穿过）—龙眼桥（阳叉沟—驷马桥方向）—青龙堰—青龙场水碾—青龙场—狮子楼茶铺（本身就在河面上）—成渝铁路—省盐务局门口—踏水桥（下沙河），而源自西岭坝的水，则经过大筒车（水车）—青龙场水碾—青龙场—北场口石板桥……阳叉沟（又作羊叉沟）在龙眼桥东分引昭觉堰中支水，绕青龙岗而下，到达猫子塘入以前的华阳界，猫子塘在东林三队。青龙场的老人们，纷纷为我比画着那几条溪水的流向与行程，他们对此谙熟于心，就像血与水，融于他们的身体里。

① 《成华拾遗》. 成都市成华区地方志办公室编. 北京：新华出版社，2015.

② 《同治重修成都县志》卷一“舆地志第二寺观”载“狮子庵”条：狮子庵，在凤凰山之北。

蔡家丝房在新三4队，张扫把也在新三4队，张家丝房在昭觉寺后的白莲池队。昭觉寺后有一座木鱼桥。海滨村名字的由来是什么呢？我一一在笔记本上记着。大雨如注。座谈会很热烈。同行的作家听说青龙场竟然还有一个奇特的海滨村，恍然一听，还以为是一个沿海的山村呢！

郑光阳说，原来是冬水田、烂泥田，1952年修了铁路以后，方家桥那儿有个涵洞，涨水天就经常涵洞堵起，排水不畅，冬水田就淹起。戴庆云则补充说："那儿有个界碑，冬水田形成了一个湖。几十亩，原来叫海滨湾，从天回镇拉到人民塘。海滨村一直很有名。"

后来，又有说那儿原有一个海滨堰，因之得名。

2018年8月11日，我和儿子从昭觉寺走出来，顺道又去青龙场走了走。"对于外来观察者而言，街头的人们——他们的表情、语言、姿态、服装样式以及行为——是一出无穷无尽的现实生活的戏剧。"深谙街头文化的成都人王笛教授说。他在《街头文化》里描绘的"街头"，是成都的街头，也是成都北郊青龙场。2004年，一个赶场天的街头，普普通通，平平淡淡，若即若离，渐行渐远：

住在街道两旁的人们在他们的门口和街边从事各种活动。如果他们有事找邻居，只要跨出门槛便可。不管是日常事务，还是紧急情况，他们都可以很快请到邻居帮忙。邻居之间一般的日常用品也可以借进借出。如果哪位居民感到无聊，他只要走出门就可以与邻居们闲聊。在街边的住户基本不存在隐私，为了让阳光和新鲜空气进入简陋的房屋，面朝街道的门总是开着；好奇的路人也可以瞥一眼屋里的风光。哪家哪户有任何事情发生，无论好坏喜忧，瞬间便可传遍整个街区。居民们对小贩和工匠上门找生意并不感到烦恼。人们只需走几步就能到街头摊点、茶馆、小店和理发店，这些地方不仅提供日用品，满足居民的日常需要，而且也是社会交往中心，人们在那里互通信息。……市民们也喜欢聚集在市场、空坝、街角、桥头以及庙前庙后等处找乐子。这些地方对一般百姓，无论是居民还是外来者都没有什么限制。①

2004年的某一天，青龙场的街头，就打上了“拆迁大甩卖”“莫错良机”的各色标语，在宣告着一条老街的告别。

据《成华史话》记载，就“东门牛市口，南门红牌楼，西门茶店子，北门青龙场”四大场名称而论，东南西三场皆实有其名：牛市口设有牛市，红牌楼立有红色牌楼，茶店子由一茶店发展起来，而唯有青龙场是务虚之名，因为“龙”本就是指向了一种神灵似的虚无。或许源自青龙场汉墓里绕着灯火飞舞的一条青铜的飞龙②，或许源自宋开宝三年（970）以来在正月上元节放灯三夜的昭觉寺灯火，青龙场正月元宵的龙灯之舞，堪称青龙场人新年里最为美好的记忆。20世纪三四十年代，成都有民谣说：“两条龙灯闹元宵，黄龙顺着锦江绕，青龙围着城边跑，上下腾舞火焰高。”这里，“黄龙”是指黄龙溪的

① 王笛.《街头文化：成都公共空间、下层民众与地方政治，1870—1930》. 李德英、谢继华、邓丽译. 北京：中国人民大学出版社，2006.

② 据时任青龙乡文教干事的罗庆才讲述，1988年，青龙中学搬迁至青龙包时，建校发掘出一座汉墓，墓中有青龙盘绕的一个青铜灯具，此文物被当时的金牛区文管所收藏。

龙灯，“青龙”则指青龙场的龙灯。除了火龙，青龙场人在干旱时，还要舞水龙祈雨。赤裸上身的汉子，水花四溅，仿佛一条青龙，正在历史的烟雾与云霞中，腾飞而起。①

现在，时光再次回到了本书叙事的起点。1663年，这一年是康熙二年，一个叫丈雪的和尚从华阳走进了一片荒芜的成都城，“甘龄偶尔见华阳，屡路荒蓁覆古梁。小路淡分烟影右，幽岩初醒月华香。惊人野鸟闲歌啸，科首残黎牧大荒。极目天涯无点翳，惭抛汗雨洒危疆”。三月十九日，像一个大地之子，抑或荒原上的一个孤独的稻草人，他终于站在了昭觉寺的一片废墟面前。②

如果，这一天，他没有出现，昭觉寺与青龙场的历史，又会怎样被书写呢？

我们只知道，史官在《清史稿》卷四十志十五“灾异一”中白纸黑字、有条不紊地记述道：“康熙元年七月二十九日，嘉兴二龙起海中，赤龙在前，青龙在后，鳞甲发火，过紫家埭，倒屋百余间，伤一人；九月初九夜半，火龙见。二年四月十六日，崇明龙见；三台东南出一蛇，长数丈，腰围约三尺，身有鳞甲，赤光。”

四月十六日，四川绵阳三台的天空，能够望见火龙的时候，一个叫丈雪的和尚，已经在成都县北十五里的昭觉寺③，“领众赤手撮砾”“诛茅芟棘”“垦荒种菽”，开始了他的伟大工程。

① 《成华史话》. 成都市成华区地方志办公室编. 北京：新华出版社，2015.

② 彻纲、彻生、海屿、彻中等编《嘉兴藏·昭觉丈雪醉禅师纪年录》. 见《嘉兴藏》. 姜锡慈、韩锡铎、王清原整理. 北京：民族出版社，2008.

③ 《同治重修成都县志》卷一“舆地志第二寺观”载“昭觉寺”条：昭觉寺，成都县北六甲十五里。

后记

又是一个月圆之夜。

在写《青龙场》的这本书时，我似乎是一遍遍地看见，那月圆下的，那灯窗前，青龙场与昭觉寺的人影，世人与僧侣，影影绰绰。他们的面孔在一朵桃花的飘落下逐渐清晰，又在一段段线装的文字里模糊至而消隐。没有风声，没有鸟鸣。大地一片空无澄澈。月光收走了一个夜晚之后，他们又都栩栩如生地回返，回到了我们面对的车水马龙、灯红酒绿的现实中，回到了昭觉寺的锅巴与钟声中。

由于好友朱玉霞的锲而不舍，在采访温鸭子的后人时，意外得知了其中学时的老师，就是曾经写过青龙乡《农村概要》的作者罗庆才。于是，在盛夏的一场暴雨中，在二十四城的文化馆，我们采访了罗庆才老师。罗庆才意外地带来了他珍藏的青龙乡《农村概要》，以及他当年的全部手稿。

罗庆才1948年生，成都人，1967年从当时的成都第二师范学校（后改名成都师范学院）毕业。1970年调到青龙小学。1983年调到青龙公社任文教干事。1992年调到当时归青龙乡管辖的荷花池任经理，后任青龙乡教育局办公室主任。用他的话说，是十年教书、十年经商、十年国家干部。他说，朋友们对他的评价是“打得滑，点子多，舍得干”。2003年9月2日至12月5日，罗庆才受命，参加了成华区《农村概要》青龙乡卷的编撰工作。

成华区《农村概要》青龙乡卷并没有出版，只是打印了几本。我们曾经翻遍了青龙街道的档案室，也没有找到这部传说中的打印稿。没想到，罗庆才老师自己保存的一本，以及手稿，包括当时上面给他的表扬信（复印件），竟然都完好如初。一页页翻看这些手稿，罗庆才仿佛又回到了当时坐着乡里专配的一辆吉普车，下乡下村去收集资料的日子。罗庆才老师很健谈，今天的青龙街道，范围比他当时记下的已经小了很多，而那些曾经的农村，早已不复存在。在他写完这本简要的《农村概要》青龙乡卷后的第二年，百年青龙场的正街迎来了它的最后一个赶场天，而罗庆才也在这一年从教育战线内退，终于可以在家悠闲地拉他最爱的二胡和手风琴。

我很惊讶，十多年后，罗老师把当时的日子记得是那么清楚。可见，这本《农村概要》青龙乡卷对他的意义。在我的要求下，我和他合了一个影。一个写《农村概要》青龙乡卷的长辈，一个后来写《青龙场》的晚辈，不经意间串联起的，或许，也是一段微妙的过往与历史。

我很荣幸能够接过罗庆才老师交过来的接力棒。作为一个“闯入者”似的外来人，我得以用一种置身事外的抑或旁人的角度，来观察、梳理、打捞、记录甚至凝视青龙场和昭觉寺的人与事。

1596年，利玛窦教授中国人建造记忆宫殿之法，他告诉人们，这个宫殿的大小取决于他们希望记住多少东西：有雄心的营建将由几百个形状各异、大小不一的建筑构成。利玛窦说，“多多益善”，但又补充道，一个人并无必要上手就建一座宏伟的宫

> 殿，他可以造一些朴实的宫室，又或是不那么引人注目的建筑，诸如一座寺观、公府、客栈，或是商人会馆。倘若此人希望从更小规模着手，则可建一个客堂、亭阁或是书斋。要是他希望这个处所更为私密，则不妨设想亭阁之一角、寺庙里的神龛，甚至是衣柜和坐榻之类的家用物件。[①]

这是我最喜欢的汉学家史景迁，在《利玛窦的记忆宫殿》中的一段话。在写作此书时，我一直希望像利玛窦那样，能够用一种“建造记忆宫殿之法”，来抵达一个曾经的青龙场和昭觉寺。然而，就像一个拙劣的搭积木的顽童一样，我一次次地失败，一次次地功亏一篑。我发觉我的所有努力似乎都是徒劳的。我只能，一次次在月光抑或灯光之下，借着一个个文字与标点，抵达那个青龙场人的“青龙包”，抵达昭觉寺僧的昭觉寺，抵达那个传说中的“成都福地”、青龙场人的“记忆宫殿”。

最后，要感谢我采访过的所有前辈和老师们，感谢在写作本书时，帮助、鼓励和鞭策过我的所有朋友们。当然，我更要感谢，所有为青龙场和昭觉寺写下相关文字与留下踪影的人们，感谢昭觉寺的历代高僧大德们，感谢白郎兄长愿意在百忙之中为拙文作序，感谢本丛书的主编张义奇兄长时刻的叮嘱，感谢王玉龙先生授权我使用那爱德先生的照片，感谢成华区文化馆蒋松谷馆长和青龙街道文化站几任站长的大力支持。当我在昭觉寺、青龙场一次次仰望你们

① ［美］史景迁.《利玛窦的记忆宫殿》. 章可译. 桂林：广西师范大学出版社，2015.

的时候，我的内心是如此平和与安宁。然而，交出本书的书稿时，我又是如此忐忑不安，本书的疏漏缺陷，还望各位读者、老师和方家指正。

今夜，我看见圆悟克勤在给徒弟虎丘绍隆写一封信；今夜，我看见丈雪通醉和清定方兴，都在昭觉寺的一片废墟中，和衣而眠；今夜，我看见十岁的吕涛，第一次走进了必将属于他童年的青龙场；今夜，我看见陆游，在昭觉寺的月下，仰望一片澄澈与孤寂；今夜，没有风声，没有鸟鸣，没有赶场与散场，大地一片空无。月光收走了一个夜晚之后，是谁又都在一片晨露熹微中，栩栩如生。是谁，永不再返回？又，从不曾离开。

2018年中秋十里望月　于寓居之金鹏街